NFT
投資的準則
NFT 투자의 정석

劉民鎬、任東玟、我坤、韓瑞姬 著　蔡佳燁 譯

五南圖書出版公司 印行

導言

現今數位資產時代最炙手可熱的存在，
我們正處在 NFT 所帶來的財富典範轉移之中

《NFT 投資的準則》得以出版，緣起於偶然又必然的一段關係。2021 年秋天，正當 NFT 熱潮不斷之際，我們組織了一個 NFT 讀書會，並以當時在市面上的 NFT 相關書籍作爲讀書會討論之用。我就是在這個讀書會上遇見這本書的共同作者：我坤、劉民鎬理事以及韓瑞姬律師。

我坤身爲韓國區塊鏈聖地 Nonce[1] 的元老成員，對於區塊鏈與加密貨幣典範充滿熱誠，也熱衷於他的獨立社群 Ludium Community。劉民鎬理事創立了一家名爲 D'CENT 的公司，專門提供加密貨幣錢包的服務。劉理事目前爲 D'CENT 的首席策略長，對區塊鏈與加密貨幣典範的態度非常認眞，同時也組織了一個自發性的區塊鏈讀書會——挖區讀[2]。韓瑞姬律師對區塊鏈與加密貨幣了解甚深，是韓國首屈一指的法律專家，並以律師身分持續擔任

1　譯注：Nonce 是一個爲未來起義的大本營（Basecamp for Future Rebels），作爲一個大膽挑戰未來的組織，由 5 個分館共 100 多位的成員組成，成員們之間來自不同的背景，有著不同的夢想，成員們一起生活、一起工作（https://nonce.community/#doz_menu_about）。

2　譯注：請參考第 11 頁。

虛擬資產交易、ICO[3] 以及 STO[4] 的專案顧問。而我則是一個分析證券市場變化與趨勢的分析師；自 2017 年起，我就一直持續關注區塊鏈與加密資產會為新興產業、技術與金融帶來的潛在影響和包容性。

2021 年，不只是區塊鏈與加密資產在討論 NFT，在實體經濟與金融市場上 NFT 也已經成為最熱門的話題。就在此時，我在 NFT 讀書會遇到這 3 位，我認為是巧合也是注定。正因為 NFT 這個令人興趣盎然的話題與現象，讓韓國的獨立社群建構者、加密貨幣錢包的企業家、專精區塊鏈的律師以及認為加密資產市場和傳統金融市場一樣重要的分析師齊聚一堂。

剛好我接到了一個出版 NFT 相關領域書籍的提議。但是這個範圍龐大的現象要我獨自一人撰寫，我實在想都不敢想。因此，我向讀書會的 3 位成員提議共同撰寫這本書。幸好，我坤、劉民鎬理事、韓瑞姬律師以及出版社都毫不猶豫地點頭答應，於是這本書的撰寫工作就這樣開始了。

我坤會親切地為各位解說 NFT 的意義，尤其是與社群價值有關的內容，我坤不僅是讀書狂，也是意見回饋狂

3　譯注：首次代幣發行（Initial Coin Offering, ICO）。

4　譯注：證券型代幣發行（Security Token Offering, STO）。

和遊戲狂。劉民鎬理事將為各位深入說明 NFT 的使用，特別是有關標準化趨勢，劉理事不僅是讀書狂，也是研究狂與加密資產錢包狂。而韓瑞姬律師將為各位詳盡解釋有關發行 NFT 與流通時需要考慮的事項，韓律師是技術狂、創業狂，也是投資狂。而我會將重點放在有關 NFT 市場以及投資的敘事，我覺得我自己是經濟狂，也是金融狂與未來狂。有機會和 3 位優秀的成員一起寫書，讓我深感榮幸，還有在適當的時間點提議出書的出版社工作人員，我也想藉此深表我的謝意。

　　對於 NFT 的看法與經驗提出疑問是本書的出發點。所以我認為有關 NFT 的發行和投資的意義，以及該注意的事項等內容，讀者們都能在這裡找到線索與解答。因此我會將這本書鄭重推薦給對鑄造 NFT、投資 NFT 專案、對 NFT 交易與參與感到好奇的讀者。特別是對於有資金需求的獨立內容創作者而言，本書在賦予意義以及實踐層面都會對您有所幫助。我希望藉由這本書，各位都能展開自己獨有的夢想；同時，我也期待各位嘗試投資某個人不可取代之專案也都能實現。

任東玟

2022 年 1 月

目錄

PART2

將 **NFT** 視為投資標的：
動搖傳統金融市場、創造嶄新價值的 NFT 之潛力概述

任東玟│教保證券經濟學家

PART 1

NFT 創造的
新興數位新世界：

為初次踏入 NFT 世界的初學者
所準備的基礎概念與投資指南

劉民鎬　D'CENT 區塊鏈錢包首席策略長

首爾大學工業工程學系畢業，但相較之下，喜歡分析新技術勝過讀書。2004 年起任職於內建安全元件相關領域，擔任軟體開發工程師。自 2017 年起，成爲 IoTrust 的共同創辦人，建構了 D'CENT 區塊鏈錢包並提供服務至今。深信區塊鏈正在改變世界；爲了在變化快速的區塊鏈領域裡一同學習與分享，亦組織了一個簡稱爲「挖區讀」（挖掘區塊鏈的讀書會）的讀書會。

令全球為之著迷的 NFT
到底是什麼

何謂 NFT？

　　在開始投資 NFT 之前，當然得先了解何謂 NFT。那到底 NFT 是什麼呢？因為 NFT 屬於技術性用語，所以理解不易。但是，對我們來說，理解 NFT 的概念仍非常重要。就讓我們來看看 NFT 到底是什麼意思。NFT 是 Non-Fungible Token 的縮寫，裡面還夾雜著我們不熟悉的單字呢！只看這幾個單字的時候還是有點困難吧？沒關係，我從最後一個單字開始慢慢解釋。

　　我先從最後面代幣（Token）這個單字的意思開始說明。這個單字也不常在日常生活中出現吧！代幣指的是擁有某種權限的表徵。舉例來說，機票可以視為一種表徵，因為有機票就象徵著擁有搭乘飛機的權限。同樣的意思，我們在生活中使用的硬幣和紙鈔也都可以視為表徵的一種，1 萬韓幣的紙鈔象徵著我們可以交換等值的物品或其他等值服務的權限。代幣有兩大特徵，第一個特徵是依據

代幣種類的不同，使用的地點也會有所不同。如果是機票的話，我們就只能將機票用於開立機票的航空公司所營運的航班。這就像韓幣 1 萬元通常就只能在韓國使用一樣。第二個特徵則是代幣可以使用在代幣之間的交易。舉例來說，我們用現金購買機票的行為也可以視為代幣之間有交易產生。

　　代幣能以各種型態存在，可以像硬幣或是紙鈔，以實體的型態存在，也可以用類似 Gifticon¹ 的方式存在。我們經常提及的加密貨幣其實也算是代幣，它是在區塊鏈裡發行使用的代幣。而在區塊鏈的世界裡，代幣可以和其他代幣進行交易。在區塊鏈裡的代幣可以分為兩類；「同質化代幣」（Fungible Token）以及「非同質化代幣」（Non-Fungible Token）。至於這兩者的差異為何，待我們了解NFT 的概念後，我再試著說明。

　　如果已經了解了代幣的意思，那接著來看 Fungible 這個單字。Fungible 的意思是「可取代的」，可以取代什麼東西呢？也就是「相同種類」的代幣可以互相取代的意思。

　　這裡我舉一個更容易理解的例子好了。假設我有 10 張 1,000 元韓幣的紙鈔，為了方便，我將這 10 張紙鈔編號為 1 到 10 號。當然，實際上我們沒有必要將紙鈔編號

１　譯注：Line 的禮物功能就是一種 Gifticon。

後再使用。反正，我拿著這 10 張 1,000 元紙鈔到家門口的便利商店。因爲我昨晚沒睡好，所以我想買一罐咖啡來喝，剛好咖啡的價格是韓幣 1,000 元。這個時候，無論我用 1 號紙鈔或是 7 號紙鈔來結帳都沒有差別。因爲這些千元紙鈔擁有相同的價值與功能。而這就是爲什麼我們在保管紙鈔的時候，不會爲它們特別編號的原因。如果我們沒有仔細確認鈔票上的流水號，我們根本不會察覺 1 號和 7 號這兩張鈔票的不同之處。所以就像這樣，1,000 元的鈔票可以互相取代。我在前面也已經提過了，硬幣和紙鈔也可以視爲代幣的一種；而相同種類的代幣，這裡指的就是 1,000 元韓幣的紙鈔，它們彼此可以互相取代。

　　擁有這項特徵的代幣，就稱爲同質化代幣。由於這類代幣的功能與價值相同，因此，即使互相取代也不會有任何影響。就像前面我舉的例子，在日常生活中，我們所使用的紙鈔和硬幣都具有同質化代幣的特徵。雖然同質化代幣這個單字在日常生活中不常用到，但是在區塊鏈的世界裡是經常出現的單字，也是投資比特幣（BTC）或以太幣（ETH）等加密貨幣時，常會聽到的單字。這類的加密貨幣也被稱爲「Coin」。Coin 在加密貨幣或區塊鏈裡，是最具代表性的同質化代幣。如果試著將我們稱之爲 Coin 的加密貨幣，以及硬幣也可以視爲同質化代幣的概念連結在一起，應該會更容易理解。

不可取代的代幣之誕生

　　那麼 Non-Fungible 這個單字是什麼意思呢？就是不可取代的意思。各位有沒有猜出來，這裡的不可取代是指不可取代什麼東西呢？也就是相同種類的代幣無法互相取代的意思。這次，我舉其他代幣當作例子。假設，我想送禮物給幾位朋友，所以我買了 10 張電影票。每張電影票可以看的電影不同、電影上映的時間也不同，當然座位也不同。第一張電影票可以看的電影和影廳內的座位，與第二張電影票完全不同，因此第一張電影票和第二張電影票不能互相取代。這和兩張面額 1,000 元韓幣的紙鈔可以互相取代具有不同的特徵，而 Non-Fungible 就是指不可取代的意思。

　　到這裡，各位有沒有猜到非同質化代幣，也就是 NFT 是什麼意思了呢？NFT 是擁有某種權限的表徵；每個 NFT，都有其獨特的屬性，因此不同的 NFT 可以透過不同的特徵加以分辨。如果我們說同質化代幣只具有價值的話，那 NFT 的特徵就是不僅具有價值，而且不同的 NFT 還擁有自己獨特的屬性。

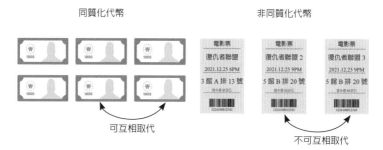

同質化代幣　vs. 非同質化代幣

　　雖然韓幣 1 萬元的紙鈔，只擁有「1 萬元」的價值，但是電影票不僅有電影票本身的價格，也包含了電影名稱、上映日期、座位等屬性。

　　一般而言，在翻譯時會將 NFT 譯為「不可取代的代幣」。此時，由於「不可取代」這個詞語所賦予的意義，讓它又常被解釋為數位影像正本的意思。但是 NFT 的「不可取代」是翻譯自 Non-Fungible，因此理解為無法與其他代幣互相取代比較正確。

　　這樣的話，難道 NFT 完全沒有包含著數位影像正本的意思嗎？也不全然如此。在區塊鏈中發行的所有代幣，它的發行紀錄與交易明細都是公開的，也就是所有的人都能夠看到這些公開的資訊。而 NFT 在發行的時候都會有一組識別碼，更精準的解釋應該是，NFT 智能合約的地址與代幣的序號（ID）扮演了 NFT 識別碼的角色。若創作者公開了自己所發行之 NFT 的識別碼，那麼其他人就

可以運用這個資訊，將 NFT 當作數位正本使用。

　　數位檔案本來就很難區分正本或副本，不過如果將數位檔案發行為 NFT，那就會產生識別碼，這樣就能以識別碼來區分數位檔案的正副本了。而數位正本就是利用了這項特徵。有關 NFT 的智能合約地址和代幣序號的內容，在本章會陸續向各位說明。到這裡，我們只要先知道發行 NFT 會產生識別碼，以及只要有那組識別碼，誰都能發行和查閱交易明細就夠了。

NFT 能做什麼？

　　在大致了解 NFT 是什麼之後，接著就來看看 NFT 究竟可以用來做什麼。我想大概多數的人只知道 NFT 是用在證明數位圖像或影像是否為正本，但是實際上 NFT 的應用超越了上述的範圍。首先，我們必須先知道 NFT 應用的可能性，之後才能更正確的了解 NFT。以下內容將先概略說明 NFT 的內部結構，接著再解釋 NFT 可以應用在哪些地方。

NFT 的運作方式與結構

　　在了解 NFT 的結構之前，先了解同質化代幣的運作

方式會比較好。同質化代幣可以分為兩大類：第一類是「原生代幣」（Native Token）；第二類則是「智能合約型代幣」（Smart Contract Token）。原生代幣是內建於區塊鏈主網（Mainnet）的代幣；而智能合約型代幣是在區塊鏈主網之上，以智能合約的型態追加出來的代幣。

　　舉例來說，區塊鏈的主網可以看作是一台龐大的電腦，而這一台電腦供所有人一起使用。如果想操作這台電腦，就會需要一種稱為作業系統（Operating System, OS）的軟體。像我們所熟悉的 Android、iOS、Windows 這樣的軟體，我們就稱之為作業系統，也就是操作電腦時需要的基本軟體。而區塊鏈主網，就可以看成是一種作業系統。

　　作業系統裡面，有一些軟體是本來就安裝好的，譬如我們買 Android 智慧型手機或是 iPhone 手機的時候，通話和簡訊程式早已安裝在手機裡。所以通話和簡訊程式，可以視為已經內建於作業系統中。而區塊鏈主網裡也有內建的代幣。例如，比特幣的區塊鏈主網裡，內建有稱為比特幣（BTC）的代幣；以太坊的主網裡，內建有稱為以太幣（ETH）的代幣。像這樣，在區塊鏈主網裡基本內建的代幣就稱為原生代幣。

　　我們可以在 Android、iOS、Windows 等作業系統上追加安裝一種稱為「App」的程式。在手機上安裝各式各

樣的 App，讓我們能更多元地使用智慧型手機。而區塊鏈主網裡面，除了原先內建的原生代幣之外，也可以安裝其他的代幣來做使用。不過，這和智慧型手機有一個不同之處；智慧型手機的 App 可以依照使用者自己的需求選擇並安裝，但是區塊鏈是所有人一起使用的電腦，這就是兩者之間的差異。所以（或許）當開發人員製作出代幣後，只要安裝到區塊鏈主網裡，其他人就能使用已經安裝好的代幣。

　　追加安裝的代幣是透過智能合約的型態進行開發與安裝。但是，智能合約不是只能製作代幣，實際上代幣只是智能合約可以做的事情中的一小部分。雖然理解智能合約這個用語也非常重要，但是本書才剛開始而已。因此有關智能合約的內容，晚一點再說明。現在我們只要先知道，同質化代幣是由智能合約製作而成，以及智能合約是區塊鏈主網上執行的程式這兩點即可。

作業系統 &App vs. 區塊鏈主網 & 智能合約

構成 NFT 的兩大要素：智能合約與元資料

　　同質化代幣是由智能合約所製成，而 NFT 和單純由智能合約製成的同質化代幣略有不同，接著就一起來了解 NFT 是如何組成。

　　NFT 是由兩個部分所組成：一個是智能合約，另一個是元資料（Metadata）[*]。儘管這兩個都是我們不熟悉的詞彙，但還是

> **元資料 [2]（Metadata）**
>
> 也就是結構化資料，含有對應數據的屬性資訊。

一一來了解吧！前面也有說明過，智能合約是區塊鏈主網上執行的程式。而 NFT 區分爲儲存在區塊鏈上的數據資料，以及區塊鏈上沒有也無妨的數據資料。儲存在區塊鏈上的資料稱爲鏈上資料（on-chain data）；沒有儲存在區塊鏈上的資料稱爲鏈下資料（off-chain data）。就像我們區分在線和離線一樣，根據數據資料是否存在於區塊鏈上，區分爲鏈上與鏈下。在 NFT 的數據資料中，必須要存在於鏈上的資料就是儲存在智能合約，也在這裡進行處理。

　　元資料的數據資料，並非一定要存在於鏈上（on-chain），也就是元資料可以是鏈上資料，也可以是鏈下資料。一般而言，想要在區塊鏈上儲存資料，需要花很多

2　譯注：Metadata 亦稱爲後設資料。

錢。原因在於，維護區塊鏈會需要網路手續費。如果將數據資料儲存在區塊鏈，那每次修改的時候，都會產生費用。無論如何，就算是直接投資 NFT 的時候，網路手續費也是必須要了解的概念，這個概念後續會有更詳盡的說明。

總之到目前為止，非常多的元資料還是儲存在鏈下（off-chain）的原因就是因為網路手續費。待 NFT 的技術與市場逐漸成熟後，預估將有更多的元資料會儲存在鏈上。而且就目前來看，符合元資料儲存的區塊鏈主網也尚未出現。不過，利用 IPFS 這種分散式儲存系統，來儲存元資料的情況很普遍。雖然分散式儲存系統不是區塊鏈，也不是將數據資料集中儲存在單一伺服器。不過，它是一個可以將數據資料分散儲存在好幾個伺服器的系統。由於資料儲存在鏈上會衍生出費用問題，集中儲存在一個伺服器又有可能會遭到駭客入侵；因此，各位可以將分散式儲存系統的選項看作是一個折衷的辦法就好。

同質化代幣不具有其他屬性，因此可以只用智能合約來製作。不過，NFT 是各有各的屬性。如果使用數位圖像發行 NFT，那麼在發行時所使用的數位圖像就會成為 NFT 的屬性。當然，NFT 的屬性中不是只有數位圖像而已。NFT 的名稱、發行日期、NFT 的相關說明等，都可以成為 NFT 的屬性。意思也就是 NFT 囊括了非常多種類

的屬性資訊，這種屬性就稱為 NFT 的元資料。

FT ＝ 智能合約

NFT ＝ 智能合約　　＋　　元資料

將 NFT 必須依循的規定寫成程式　　　　NFT 的屬性

NFT 的組成：智能合約＋元資料

各自擁有不同「屬性」的 NFT

　　先前曾提及 NFT 有屬性，還有 NFT 所擁有的屬性稱為元資料。每一個 NFT 囊括的屬性都不同。舉例來說，假設我將電影票製成 NFT，那麼電影票上的片名、電影院名稱、上映時間、座位等就是電影票的屬性。如果是機票，則航空公司、航班、日期、登機時間、座位等就會是機票的屬性。若是將遊戲裡的裝備製成 NFT，那遊戲裝備的圖像、裝備的能力值等，就會包含在遊戲裝備 NFT 的元資料裡。

　　NFT 的元資料裡可以囊括各種屬性。發行什麼樣的 NFT，取決於我們在元資料裡放入哪些屬性。不過，由於 NFT 仍在發展的初期階段，因此 NFT 元資料的相關標準

還沒有明確的定義。然而，這也代表目前元資料的屬性可以不受限制。但是基本上還是有 NFT 必須涵蓋的元資料。接著，就讓我們來看看 NFT 的基本元資料有哪些。

首先「標題」是最基本的元資料，指的就是 NFT 的名字。第二是「說明」，也就是 NFT 的相關說明。如果把數位藝術製成 NFT，那這幅作品的相關說明就可能包含在元資料裡；如果是遊戲裝備，那遊戲裝備的相關說明就會包含在元資料裡。第三則是實際「內容」，換句話說就是像圖像、影像或是音訊檔就會包含在元資料裡。

一般而言，我們在接觸有關 NFT 的新聞或相關內容的時候，NFT 以數位藝術為題的情形屢見不鮮。這也代表我們經常接觸到的，都是以數位圖像或是數位影像製成 NFT 的例子。因為這個原因，不少人將數位圖像或數位影像和 NFT 劃上等號。但實際上，數位圖像或數位影像只是 NFT 主要屬性的其中之一。它的確是其中一個重要的元資料，但數位圖像不等於 NFT。

前面也有提過，「標題」、「說明」、「內容」是最基本也是一定要有的元資料。而元資料裡，除了基本元資料之外，也可能涵蓋一些追加的資訊。舉例而言，如果是遊戲裝備 NFT，那該裝備的能力值等相關資訊，就可以包含在元資料裡。若是將學生證製成 NFT，那姓名、校名、學號等，就可以包含在元資料裡。

說不定各位已經猜到了！由於各種資訊皆能放入 NFT 的元資料裡，因此，NFT 的創作取決於我們在元資料裡放入何種屬性。從數位藝術的圖像、影像、遊戲裝備等數位資產，到電影票或是證明文件，都能以 NFT 的形式呈現。此外像建築物這類的房地產，或是名牌手錶也都正在嘗試創作成 NFT 進行交易。所以，在選擇 NFT 的時候，一併了解該 NFT 的元資料到底包含了哪些資訊極其重要。

理論上只要透過 NFT，各類資產都可以代幣化（Tokenization）。因此，有人將這個現象，和過去網際網路造就了大量的資訊從現實世界移轉至網路的時代做比較。只要使用區塊鏈與 NFT，所有種類的資產都能移轉到鏈上，而且這些資產皆能代幣化。有些人主張，如果網際網路帶動了資訊革命，那區塊鏈與 NFT 將會帶動資產革命。不過就目前來看，並不是所有的資產都能發行為 NFT，而區塊鏈的技術也仍待更進一步的發展；不僅如此，相關的法令與政策也尚待規劃。因此，留意相關技術與法令政策的變化非常重要。

朝元宇宙更進一步的世界與 NFT

世界正在擴張至元宇宙！

最近，各家媒體與新聞經常提及元宇宙，不過仍未有元宇宙的明確定義。儘管如此，我們還是可以在這個大範圍裡，試著理解元宇宙代表的意思。

從單字的起源來看，元宇宙是由「Meta」和「Universe」所組成的複合詞。Meta 含有「超越」的意思，而 Universe 的意思就是宇宙；字義上可以解釋爲超越現實宇宙的宇宙，或是擴張至虛擬空間的宇宙。因此元宇宙可以視爲我們現在稱爲虛擬實境的延伸。

隨著技術的發展，人們在網路上活動的時間也隨之增加。以網路爲基礎，朝向新世界延伸的各種嘗試也正如火如荼的展開。2021 年 10 月，當臉書（Facebook）將公司名稱更改爲 Meta 的同時，也展現出他們要正式開始建構元宇宙的決心。Kakao、Naver 等韓國國內大型網路公司，也接連提出了建構專屬於自家公司的元宇宙藍圖。

2020 年，在全球蔓延的傳染病讓非常多的事物發生變化。如今，戴口罩才能出門，對我們而言已是理所當然的事，而居家辦公的文化也更為普遍。由於社交距離的相關規定，人與人之間面對面的機會因而減少。和過去相比，待在家裡的時間卻也因此增加。隨著待在家裡的時間增加，我們想將這個世界延伸到元宇宙的腳步也隨之加快。在新世界展開的連結取代了疏離的物理世界。雖然現實生活中所有的人都戴著口罩，不過沒有口罩也能活動的空間正在建構中。剛好臉書這樣的大企業在此時投入建構元宇宙，才讓元宇宙成為眾人關注的焦點。

其實只是用語很陌生罷了，元宇宙對我們而言是熟悉的概念。因為我們早已在網路上渡過了很長的歲月。還記得網際網路剛起步時的 Cyworld[3] 嗎？廣義上來看，Cyworld 可以視為元宇宙，線上遊戲也能視為元宇宙的一種。儘管元宇宙的相關概念尚未確立，不過最近提及的元宇宙，實際上都是更龐大的世界觀。而最終目標是在元宇宙世界中，實現我們日常生活的一切。雖然無法預知元宇宙的世界能否造就幸福的世界，不過可以肯定的一點是，我們的世界正在擴張至元宇宙。

3　譯注：類似台灣的無名小站，可以寫文章、貼照片的網路空間。

元宇宙的最後一塊拼圖：區塊鏈與 NFT

　　明明在聊 NFT，怎麼會突然提到元宇宙呢？因為元宇宙的完成，需要仰賴 NFT 與區塊鏈技術的結合。在元宇宙世界裡，所有的東西終究都是 NFT 所組成。

　　應該也有不少人認為元宇宙和 NFT 有著緊密的關聯性。之前也有提到，臉書將公司名稱變更為 Meta，並且集中投入元宇宙的消息。在該消息透過媒體對外公布後，NFT 受到關注的程度大幅成長。此外，以 NFT 為主題的無數區塊鏈專案，它們的加密貨幣價格也隨之飆升。與 NFT 有關的加密貨幣投資內容，稍後會再詳加描述。現在先讓我們一起了解元宇宙與 NFT 的關聯性。

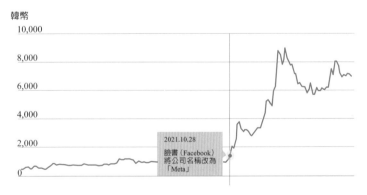

Meta 公布後與 NFT 有關的加密貨幣價格變化：The Sandbox 的 SAND

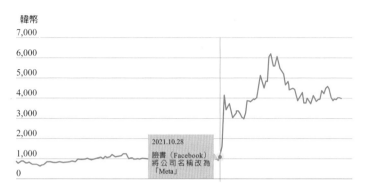

Meta 公布後與 NFT 有關的加密貨幣價格變化：Decentraland 的 MANA

　　元宇宙可以視為另一個世界。目前正在建構元宇宙的專案非常多，每一個專案都在建構獨立的世界。有些專案在初期就投入了 NFT，也有尚未投入 NFT 和區塊鏈的專案，但是投入 NFT 就是一個趨勢，原因為何讓我逐一解釋。

NFT 是元宇宙裡經濟活動的工具

　　在元宇宙也會需要經濟活動，而實現經濟活動的工具，就是以區塊鏈為基礎的加密貨幣以及 NFT。加密貨幣成為支付方式，NFT 則成為消費品。

　　再更進一步來了解，元宇宙究竟在哪些地方應用了 NFT。如同在現實世界裡一樣，在元宇宙的世界裡，最基本的就是要有可以代表「我」的媒介。換句話說，在元宇

宙裡要有一個可以代表我的虛擬角色（Avatar）。而 NFT
就能作為我的虛擬角色。NFT 終究是由某個人所持有，
所以我持有的 NFT，就可以當作我的虛擬角色。因此在
NFT 專案中，虛擬角色的專案也在蓬勃發展中。將 NFT
當作我的虛擬角色使用，就能證明這個 NFT 是我的。即
使 NFT 存在於我錢包的地址上，但只要我能證明這個錢
包地址是我的，那也就證明了我擁有這個虛擬角色的所有
權。如果再延伸出去的話，虛擬角色也需要穿衣服、戴首
飾，而 NFT 可以實現這所有的一切。這和前面我所提到
的，NFT 可以讓所有種類的資產代幣化，是互有關聯性
的。

　　我也曾提過，元宇宙是新的世界，在那裡也會有經濟
活動的需求，例如購買土地或是使用某些服務。而要呈現
出那些在元宇宙裡被交易的物品，NFT 將會是最好的方
法。基本上 NFT 的交易是使用加密貨幣，而從事這樣的
經濟活動時，以加密貨幣作為交易貨幣即可。

　　這裡先簡單介紹幾個應用 NFT 建構元宇宙的例子。
在區塊鏈領域裡，不同的公司都在建構元宇宙，例如 The
Sandbox、Decentraland、Cryptovoxels 等都是知名的專案。

　　我舉 The Sandbox 作為範例。元宇宙裡的土地是
NFT，建築物也是 NFT，在 The Sandbox 裡面走來走去的
角色人物（也就是虛擬角色）也都是 NFT。角色人物身

上穿的衣服、鞋子也是 NFT。意思也就是，整個世界都是由 NFT 所組成，就是因為這樣，不論是在 The Sandbox 的元宇宙裡面或外面，買賣土地和建築物都可以使用加密貨幣。

　　欲加入建構元宇宙的專案，仍不停地在增加，而元宇宙也不是一個單一的世界，不同專案都在建構不同的世界。然而，由於 NFT 是存在於區塊鏈上，因此一個 NFT 應該可以在好幾個不同的元宇宙裡使用，只是礙於目前還在發展的初期階段，所以沒有做過這樣的嘗試。但最終還是會朝向運用 NFT 的特性，讓一個 NFT 能在數個元宇宙裡使用。舉例而言，The Sandbox 裡的角色人物所穿的衣服在 Decentraland 也可以穿；如果在 Decentraland 買了新的衣服，在 The Sandbox 也會擁有一件同樣的衣服。

　　到目前為止，並非所有標榜元宇宙的專案，都在使用區塊鏈和 NFT。就現階段來說，區塊鏈和 NFT 都才剛起步而已。即便如此，若想好好建構這個世界，勢必得結合區塊鏈的技術並且導入 NFT。因此，這也成為我們必須持續關注 NFT 的另一個原因。

NFT 市場規模概述

如果將區塊鏈領域的 2020 年稱為去中心化金融
（DeFi）的一年，那麼 2021 年可以視為 NFT 的一年。雖
然 NFT 的概念、相關的服務，以及遊戲在 2017 年就已經
出現，但是 NFT 真正發光發熱的時間點是在 2021 年。尤
其，自 2021 年的夏天起，大眾對 NFT 感興趣的程度顯著
增加。接著就讓我們來了解 NFT 市場的發展現況與市場
規模。

根據 The Block Crypto[4] 引述自 The Block Research[5] 的
研究資料顯示，2021 年 NFT 的交易金額達到 130 億美
金，相當於 13 兆多的韓幣（約新台幣 3,640 億元）。這
份調查中所涵蓋的 NFT 交易量僅止於以太坊主網的幾個
交易平台（Marketplace），如果再計入各專案網站上販售
的 NFT，以及其他主網的 NFT 交易量，交易金額勢必更
加可觀。若參照下圖，各位會發現大部分的交易量都是始
於 2021 年 8 月。

4　譯注：專門撰寫與發布加密貨幣相關新聞，網址如下：https://www.
theblockcrypto.com/。

5　譯注：專門分析與研究數位資產生態系統的研究機構，網址如下：
https://www.theblockresearch.com/。

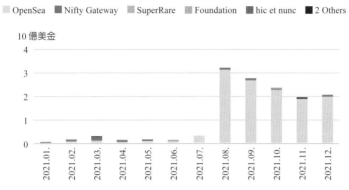

NFT 交易量（資料來源：CSYPTOART, DAPPRADAR）

2021 年第三季 NFT 的交易個數（資料來源：Nonfungible.com）

　　那到底被交易的 NFT 有多少？根據爲以太坊生態系統製作不同程式之共識機制（Consensus）的報告指出，單日被交易的 NFT 數量超過 60 萬個，每週超過 10 萬人在交易 NFT。

　　上述提及的統計資料，大部分顯示的是以太坊主網的NFT市場規模。實際上支援NFT的區塊鏈主網還有很多；

像是最具代表性的以太坊、Avalanche、Solana、Stacks、
Klaytn、Flow、Tezos 等主要的主網都有支援 NFT。不過
目前正在積極建構 NFT 生態系統的仍只有以太坊主網。
而其他的主網，則藉由以太坊主網生態系統的建構經驗，
積極地建構自己的生態系統。2022 年將有更多的區塊鏈
主網會建構出 NFT 生態系統，而主網平台之間的戰爭，
說不定會就此展開。

NFT 與
主網生態系統

　　投資 NFT 以前，必須先對一些基本內容進行了解，否則極有可能會一直感到混亂。首先，必須要了解的是主網生態系統。我先前也有提過以下幾點：NFT 是由智能合約與元資料所組成、智能合約負責處理鏈上資料、智能合約是區塊鏈主網上執行的程式、設置或部署在各個主網上的智能合約各有不同、不同的主網各自建構獨立的生態系統。

　　對於主網有大致的了解以後，接著就必須了解 DApp 這個以各主網為基礎之區塊鏈服務。DApp 的意思是去中心化應用程式[6]。如果，我假設現有的服務是將資訊全部彙集在中心化伺服器，並且以中心化的資訊為基礎提供服務的話；DApp 則是將資訊放在區塊鏈主網與智能合約，以去中心化的方式提供服務。在區塊鏈主網上有越多的 DApp 提供服務，主網的生態系統就會越豐富。

6　譯注：亦稱為分散式應用程式。

在理解了主網和 DApp 之後，讓我們來看看在主網之間移動資產的橋梁。在區塊鏈裡扮演資產角色的代幣，是透過智能合約製作而成並進行處理。因此，基本上代幣也被綁在一個主網上。藉由區塊鏈之間的橋梁，可以讓一個主網上的代幣移動到另一個主網。

各自獨立的島嶼：主網

正式投資 NFT 以前，在基本概念中最為重要的就是「主網」。雖然上文有稍微提及，不過還是再讓我花一點篇幅，說明主網的概念。

以區塊鏈為基礎的生態系統，是以各自的主網為中心所組成，而 NFT 也是如此。主網就像生態系統中心，可以視為一種基礎建設，因此 NFT 專案的活動範圍會根據它在哪一個主網上活動而定。所以，先理解主網的概念才會顯得如此重要。

世界上有非常多主網專案，而且各個主網各自發展自己獨有的生態系統。有些主網生態系統非常熱鬧，比如說以太坊；而乏人問津的主網生態系統則是非常的寂靜。如果用更簡單的方式比喻的話，每一個主網就像各自獨立的島嶼。

Solana 主網

以太坊主網

Klaytn 主網

主網＝島嶼

　　像比特幣還有以太坊（幣）[7] 都是比較為人所知的主網。各位可能會這樣想，比特幣和以太幣不是加密貨幣嗎？的確！比特幣這個名稱，既可以代表加密貨幣，也可以代表主網。可以在比特幣主網上互通有無的加密貨幣，就是比特幣。更貼切的說法是，在比特幣主網上使用的加密貨幣標示為 BTC，而我們將 BTC 唸成比特幣。在此，為了區別上的方便性，當我提及作為主網的比特幣時，我會以「比特幣主網」表示，如果是提到一般的加密貨幣，那我就直接寫成「比特幣」。

───────

7　譯注：原文使用이더리움（Ethereum），中譯應為以太坊，但因韓文中的Ethereum時常混用為以太幣或以太坊，故在此將中譯文標示為以太坊（幣）。

　　幾乎所有的主網都有搭載基本功能。正如我們所知道的，區塊鏈就是為了解決金融問題而發展出來的技術。因此，主網最基本的功能就是匯款，也就是我們需要一個可以用加密貨幣和其他人互通有無的功能。而匯款功能，就可以視為主網的基礎建設，也可以把它當作是島嶼上的道路。

　　在不同的主網上，支援的加密貨幣或代幣都不同。因此，可以匯款的代幣種類也會隨著主網而改變。舉例來說，比特幣主網上匯款時，只能使用比特幣（BTC），在比特幣的主網上，不能使用以太幣（ETH）或是瑞波幣（XRP）進行匯款。因此，準確了解各個主網所支援的代幣種類非常重要。這麼一來，學會分辨主網的類別也變得很重要。不過，在介紹主網的特性與功能的分類方法之前，讓我先說明一下 DApp。

　　每一個主網都有原生代幣。由於沒有其他適當的用語可以代替「原生代幣」，因此，儘管該用語有點困難，我還是繼續沿用這個名詞。原生代幣，可以視為主網生態系統基本的代幣；一般來說，每個主網會存在一種以上的原生代幣。有些原生代幣的用途是支付手續費。意思也就是，當我們在主網上匯款，或是使用某種服務的時候所產生的手續費必須以特定的原生代幣支付。

　　我舉個例子，以太坊主網的原生代幣就是以太幣。在

以太坊主網上傳送 NFT 的時候，需要使用以太幣支付手續費。如果在以太坊主網上，我沒有任何以太幣，那麼就算我有 NFT，我也無法執行傳送 NFT 的動作，甚至我也無法將這個 NFT 登錄在 NFT 交易平台上進行販售。

島嶼上的商店：DApp

　　每一個島嶼上，應該都會有提供服務的商店吧？有髮廊也會有超市。在區塊鏈的世界裡，各式各樣的商店就稱為 DApp。DApp 為去中心化應用程式（Decentralized Application, DApp）的縮寫。

　　一般來說，不需要成為 DApp 的會員，只要有錢包地址就可以連線使用。意思就是，不必將會員資訊儲存在伺服器，只要有錢包，就能使用這項服務。以錢包取得服務的這一點極其重要。這和我們所熟悉的加入會員、輸入帳號密碼，才能使用服務的方式有極大的差異。在 DApp 的服務中，錢包地址就是帳號。以往帳號的驗證方式是透過密碼，但 DApp 是藉由錢包的簽名，證明錢包地址的持有者。錢包地址、私鑰、數位簽章等，在投資 NFT 與使用區塊鏈 DApp 服務時，都十分重要。相關的內容，讓我留待後續說明。

DApp ＝島嶼上的商店

　　其實，乍看之下會覺得 DApp 和我們平常使用的服務雷同。然而，實際上 DApp 的執行方式非常特殊。一般的網路服務（Web Services）是依據不同的服務內容，逐一建構伺服器以提供服務；但 DApp 無須經由伺服器，就能直接與區塊鏈上的智能合約通訊。

　　前面已經提過，智能合約是在區塊鏈上執行的基本程式，它的概念類似已經先安裝在智慧型手機上的基本程式。那麼，相較於智慧型手機的程式，智能合約有哪些不同之處呢？如果我在智慧型手機上安裝 App，那這個 App 就只會在我的手機上執行；相反的，以區塊鏈為基礎的智能合約一旦部署完成，全世界任何一個角落都能使用同一個程式。由於智能合約沒有使用者介面（User Interface, UI），所以無法透過螢幕畫面顯示，因此就以 DApp 的型態，讓人們可以使用智能合約的服務。

　　而我也有提過，智能合約是部署在主網上的程式，這代表有非常多的智能合約可以部署在同一個主網。那要用什麼方法，來分辨那麼多的智能合約呢？答案就是智能合約的地址。不同的智能合約擁有不同的地址，只要有地址，DApp 就能與區塊鏈主網上的智能合約通訊。如果，智能合約知道彼此的地址，那智能合約之間也可以彼此通訊。我舉一個例子，假設有一個可以貸款的智能合約好了。貸款智能合約有代幣智能合約的地址，所以貸款智能合約可以利用代幣智能合約的地址，在貸款期間讓代幣進出。

　　記不記得我在前述內容中有提到，同質化代幣與 NFT 都是使用智能合約製作而成。由於 NFT 也是以智能合約製作而成，所以為了區分不同的 NFT，就會使用智能合約的地址來分辨。在一個 NFT 的智能合約裡，可以放入好幾個 NFT。而為了分辨同一個智能合約裡不同的 NFT，就會有所謂的代幣識別碼（又稱之為「代幣的 ID」）。總而言之，只要有 NFT 智能合約地址以及代幣的 ID，就能辨別不同的 NFT。

　　大多數想靈活運用 NFT 的專案都擁有 DApp 的型態。例如，最有名的 NFT 交易平台（交易所）OpenSea* 同樣是以 DApp 的

OpenSea

2017 年 12 月成立於美國舊金山，為全球第一個 NFT 交易平台，支援 NFT 收藏品、NFT 遊戲裝備、NFT 藝術品等數位資產的交易。以 2021 年 8 月為基準，單月的使用者人數為 13 萬 9,240 名。

型態存在。它和一般的加密貨幣交易所一樣，不用加入會員的這個程序，只要將錢包連結至 OpenSea，就能用錢包裡的加密貨幣交易 NFT。

我把 DApp 比喻成一座島嶼上的商店，這裡的島嶼指的就是主網；而商店越多，經濟活動就越發達。因此了解各個主網上 DApp 生態系統的發展程度格外重要。尤其，對於 NFT 和區塊鏈而言，DeFi DApp 是最主要的功能之一，因此一定要留意 DeFi DApp 的功能是否有在運作。DeFi 的意思是去中心化金融（Decentralized Finance）。去中心化金融 DApp 越活躍，就表示越多的資金在該主網生態系統中流通。還有，為了讓 DApp 彼此之間的運作能更加熱絡，DApp 的種類當然也越多越好；就像高樓林立的都市，會比鄉下的經濟活動更發達的情況相似。

主網的分類基準：智能合約與 EVM 相容性

我們再回過頭來看看主網的分類方法。世界上有各式各樣的主網，也有尚在建構中的主網，因此如何辨別這些主網至關重要。

雖然分類主網的時候，使用的基準很多種。但在這裡我以投資 NFT 的觀點擬定分類主網的兩個基準；依據這

兩個基準，可以將主網大致分爲三類。而智能合約，是分類主網時最重要的關鍵。

　　分類主網的第一個基準爲「主網上，有無智能合約的功能」。我有提過，DApp 是一種可以和智能合約通訊的服務。因此，若主網缺少了智能合約的功能，那就無法建構 DApp。就算可以建構，充其量也只會是有諸多限制的 DApp，這樣的主網可以當作是一座無法蓋房子的島嶼了。而這類的主網中，最具代表性的就是比特幣的主網。我們無法在比特幣主網上建構出提供各種服務的 DApp，也無法在比特幣主網上創作 NFT。但我們有興趣的是 NFT，因此在選擇時，最應該留意的就是主網上有沒有智能合約的功能。

　　有智能合約功能的主網中，最著名的就是以太坊，而且以太坊也是最早投入智能合約概念的主網。NFT 交易最熱絡的地方也是以太坊，因此以太坊在主網之間的地位可見一斑。

　　分類主網的第二個基準爲「與以太坊的相容性」。更準確的說法是，該主網能否執行以太坊上的智能合約程式。使用 DApp 或是投資 NFT 時，都不免會看到「EVM 相容」主網的這個用語。它指的就是與以太坊相容的主網。以太坊主網上有個負責執行智能合約編碼的東西，稱爲「以太坊虛擬機」（Ethereum Virtual Machine,

EVM）。如果該主網也有可以執行相同工作的虛擬機，那就可以被分類爲與以太坊相容的主網。

如前述內容所解釋的，以太坊是最早支援智能合約的主網，同時也是規模最大的主網。在以太坊之後才建構的其他主網，會想將以太坊主網所建構的生態系統直接移到自己的主網。爲了將生態系統移到自己的主網上，他們也建構出一個可以執行以太坊主網專用智能合約的主網。這類的主網就稱爲「以太坊相容主網」，實際上也眞的有非常多主網可以和以太坊主網相容。

依上述說明的兩個基準，可以將主網分爲三類。

第一，不支援智能合約功能的主網。屬於這個範疇的主網，大多是直接複製（技術用語稱爲「Fork」）比特幣的編碼後，再建構一個新的主網。一般而言，這類主網的名稱與加密貨幣的名稱相同。幾個較爲人所知的主網羅列如下。

> 比特幣（Bitcoin）、萊特幣（Litecoin）、狗狗幣（Dogecoin）、比特幣現金（Bitcoin Cash）、比特幣 SV（Bitcoin Satoshi Vision）、門羅幣（Monero）、達世幣（Dash）、烏鴉幣（Ravencoin）等

第二，支援智能合約功能，並且與以太坊相容的主
網。和以太坊相容的主網為了與以太坊有所區別，它們會
以 ID 作為劃分。如前述說明，就算是與以太坊相容的主
網，也不是所有的 DApp 生態系統都很熱絡。與以太坊相
容的主網如下。

以太坊（Ethereum）、幣安智能鏈（Binance Smart
Chain）、雪崩鏈（Avalanche）、Polygon、Fantom
Network、Klaytn、Harmony、Celo 等

第三，雖然支援智能合約功能，但是與以太坊不相容
的主網。例如下列幾個主網就屬於此類。

Solana、Cardano、Tera、Tron、Hedera、Stacks、Tezos、
Flow 等

想使用 DApp，就必須使用錢包，這點前面也已經提
過了。但因為 DApp 是以主網為基礎，因此我們能使用的
錢包種類會依據我們選擇使用哪一種 DApp 而定。由於支
援每一種錢包的主網都不一樣，因此，錢包的選擇取決於
使用以哪種主網為基礎的 DApp。換句話說也就是每個主
網支援的錢包都有所不同。與錢包有關的內容，我還是留
待後續章節再做說明吧！

島與島之間的橋梁：橋

　　那代幣能不能從一個島移動到另一個島呢？其實有專門的橋梁，可以讓代幣在島與島之間移動，稱為「橋」（Bridge），也稱為「跨鏈平台」（Cross-Chain Platform）。顧名思義，它所扮演的就是連結島嶼的角色。藉由橋，加密貨幣或是 NFT 就能從以太坊的主網上移動到 Polygon 的主網上。橋也是 DApp 中的一種，不過它不是在單一主網上執行的 DApp，而是一種型態較為特殊，可以在主網之間移動資產的 DApp。

　　但是到目前為止，並非所有的島嶼都有橋可以和其他島嶼相互連接，大部分仍以以太坊主網為中心連接在一起。而連接 NFT 的橋由於目前還在建構中，因此可以說尚未出現。

　　不過，除了以 DApp 開發的橋之外，也有以連接主網為目的的主網。這種型態的主網，我們稱之為跨鏈（Cross-Chain）。如果說，橋扮演的是連結兩個主網的

連接主網之間的橋

角色，那跨鏈扮演的就是一次連接好幾個主網的角色。由於跨鏈與投資 NFT 沒有太大的關聯，因此，在此我就不再多做說明。只要各位知道也有這種類型的主網就好。當然，若跨鏈技術有所發展的話，NFT 也能透過跨鏈自由移動，因此長遠來看，也是可以留意一下它的發展狀況。

　　儘管橋讓 NFT 有更大的活用空間，因此算是一個重要的概念與功能，但橋終究仍處於剛開始發展的階段。所以，我們只要先知道有一種功能稱為橋，而為了移動主網間的代幣，這個功能是不可或缺的存在。

投資 NFT 必備用品
＝錢包

　　在大致了解主網、智能合約以及 DApp 之後，讓我們來看看有關錢包的內容。有一句話叫做「如果不是你的鑰匙，那就不是你的錢」（Not your key, not your coin）。在區塊鏈的世界，我的資產要由我來管理，而我要管理的資產就是鑰匙；這句話更準確的說法應該是，從妥善管理「私鑰」開始的意思。對於管理資產而言，私鑰極為重要，當我們要使用錢包時，私鑰就會派上用場。有經驗的讀者應該都知道，第一次使用錢包，真的非常困難。就算我們覺得困難，也還是要好好了解，否則投資失誤所造成的損失，仍然是自己要承擔。因此一定要知道錢包的角色為何，以及我的資產是以何種方式進行管理。

服務與使用者之間的連接點：錢包

　　如果我們想要使用區塊鏈的服務，那就會需要錢包。到底錢包是什麼？管理區塊鏈上的代幣，以及為了使

用區塊鏈服務的一種程式就稱為錢包。想要了解錢包所扮演的角色，就必須先了解區塊鏈的帳號、地址、私鑰以及交易（Transaction）。

　　首先，先從帳戶開始。各位應該都還記得，每一個區塊鏈主網都可以透過代幣的型態製作並處理 NFT 或是加密貨幣這樣的資產。這樣的話，勢必會需要一種可以將製作出來的資產分開保管的容器，這個容器就稱為帳戶。就像我們去銀行開戶，就會拿到一組銀行給的帳號一樣，這個帳戶也是一樣的意思。銀行為了便於分辨，每個帳戶都會有一個帳號。而區塊鏈也會需要某種方法來辨別不同的帳戶；對區塊鏈而言，分辨帳戶的方法就是地址。在區塊鏈上，地址就成為顯示與分辨帳戶的一種單位。

　　依據主網的不同，地址也會有不同的形式。這也表示每個主網分辨帳戶的方法都不同。例如，比特幣的地址是「bc1qxy……」之類的形式；而以太坊的地址則是類似「0X3322FC……」的形式。像這樣，每個帳戶都有一組專屬的地址，地址裡面保有多少代幣的資訊就儲存在區塊鏈主網上。

　　地址不是一個隨意決定的值，而是從私鑰計算後得出的值。「私鑰」是一個十分重要的單字，這一點各位一定要記得！私鑰是一組非常非常龐大的數字，這組數字透過固定的程式計算後，就可以得出這個地址。由於公式是

固定的，因此只要私鑰相同，每一次計算出的地址也會相同。雖然，從私鑰可以計算出地址，但是從地址不可能回推得出私鑰。這意謂著，就算我們把地址告訴別人，對方也無法從這個地址推算出我的私鑰。而每一個主網從私鑰計算地址的公式也都不同。因此，即使我在不同的主網使用同樣的私鑰，也可以取得不同的地址（如果有不同主網使用同樣的公式，那當然就會計算出同一組地址囉）。

那私鑰又扮演了什麼樣的角色呢？私鑰扮演的角色是證明地址持有者。前面也有提過，哪一個地址裡面保有多少代幣的資訊，都儲存在區塊鏈主網上。這也意謂著，只要知道地址，誰都能去確認這個地址裡面的代幣個數以及種類。即便如此，也不能讓人隨隨便便就能把這些代幣拿走，沒錯吧！如果我想要把 A 地址的代幣傳送到 B 地址，那我就會需要證明我是 A 地址的持有者；這裡的證明，就會需要用到私鑰了。唯有知道 A 地址私鑰的人，才能將 A 地址的代幣傳送到別的地方。各位應該也猜到了吧！這就是為什麼，私鑰的保管這麼重要的原因。

那交易又是什麼呢？交易在區塊鏈上指的是，將代幣從一個地址移動到另外一個地址的動作（當然也會有交易是代幣不會移動的情況，只是一般而言，當我們使用區塊鏈的服務時，比較常見到移動代幣的交易）。從我的錢包地址傳送代幣到其他錢包地址，這也算是交易。或者是，

從我的錢包地址將代幣移動到智能合約地址，這也算交易哦！各位應該還記得前面有提過，智能合約也有自己的地址，所以代幣也可以放在智能合約地址。我假設有一個負責借貸的智能合約，而我把可以當作擔保的代幣傳送到借貸智能合約地址，然後借貸智能合約再把要借給我的代幣傳送到我的地址，像這樣的交易是可行的。每一次交易產生的時候，私鑰就會用來證明地址持有者。更準確的說法是，以私鑰產生數位簽章，然後附在交易上。

　　不曉得各位有沒有比較了解區塊鏈錢包在做的事情了呢？錢包扮演的是管理私鑰，以及當我需要進行類似將代幣傳送到其他地址的交易時，使用私鑰產生數位簽章的角色。意思也就是，我用錢包管理私鑰，而這個私鑰是用來證明我是地址的持有者。因此，錢包不能隨便選、隨便用，一定要選擇自己可以信任的錢包程式才行。

錢包的種類

　　接著讓我們來了解錢包的種類。錢包的種類依照私鑰保管的位置，可以分為兩種：中心化錢包與去中心化錢包。中心化錢包，顧名思義就是將私鑰放在中心伺服器管理的意思；也就是私鑰是放在提供錢包服務的該家公司的伺服器。中心化錢包中，最具代表性的就是 Kakao Talk 的子公司 Ground X 所經營的數位錢包 Klip。Klip 是可以

支援 Klaytn 主網的中心化錢包。而中心化錢包的優點是，使用者不需要親自管理私鑰，因此使用上較為便利。然而缺點是，若提供錢包服務的伺服器遭到駭客入侵，或是中斷服務時，我就永遠找不回我的資產了。所以，當我們要選擇使用中心化錢包時，必須謹慎地判斷，該錢包服務是否值得信任，以及該家公司是否會持續經營錢包服務。

去中心化錢包是將私鑰儲存在使用者的裝置裡；也就是我的私鑰由我自己保管的意思。其實，在投資 NFT 一段時間之後，大部分使用的錢包，都會是去中心化錢包。原因在於，多數的去中心化錢包都能與區塊鏈服務中的 DApp 連結使用。然而，去中心化錢包比較麻煩的是，使用者必須親自管理私鑰；因此，使用者必須非常了解私鑰的管理方法，所以使用者當然就必須學習如何管理私鑰。

去中心化錢包又可以分為兩類：軟體錢包與硬體錢包。軟體錢包是將私鑰儲存於安裝了錢包軟體的裝置上。舉例來說，如果是安裝了 Android App 的軟體錢包，那私鑰就會儲存在 Android 智慧型手機裡。如果安裝的是桌上型電腦專用的軟體錢包程式，那私鑰就會儲存在我的桌上型電腦裡。可以在智慧型手機上使用的軟體錢包，像 D'CENT App 錢包、Trust 錢包和 MetaMask，這幾個是較具代表性的。其實，軟體錢包的種類非常多，因為不同的主網，可以使用的錢包種類也不同，因此這部分的內容，留待後續再向各位說明。

　　由於軟體錢包是將私鑰儲存於智慧型手機、桌上型電腦、筆記型電腦等，與網際網路直接連接的裝置，因此較無法保障資訊的安全。惡意軟體有可能會竊取智慧型手機裡的私鑰；又或者是，智慧型手機裡軟體錢包的密碼被別人發現，導致我的資產有可能會被偷走。想要降低這類風險的使用者，就會選擇透過額外的裝置來保管私鑰，而這類的裝置就是硬體錢包。

　　硬體錢包是將私鑰單獨保管於個別的錢包裝置。這類裝置是以保護私鑰爲主要目標而製作，因此不會連接至網際網路，在保障資訊安全的角度上，的確比軟體錢包來得好。然而，需要隨時攜帶另外一個裝置，才能使用區塊鏈服務的這一點，和軟體錢包的便利性相比，當然就顯得不太方便。所以，一般而言剛開始使用區塊鏈服務時，在金額較少的情況下，就會先選擇使用軟體錢包；等到資產越來越多，感覺到似乎有必要以更安全的方式管理資產時，才會改爲使用硬體錢包。而硬體錢包的種類比軟體錢包來得少。其中，D'CENT 的指紋辨識錢包以及 Ledger Nano X 是較具代表性的硬體錢包。

D'CENT 的指紋辨識錢包

Ledger Nano X

硬體錢包

要是遺失了私鑰？

　　前面也有提到，去中心化錢包是一種需要我們親自管理私鑰的錢包。要是遺失了私鑰會發生什麼事呢？例如，弄丟了安裝有軟體錢包的智慧型手機，或是不小心把軟體錢包 App 刪除了，那就有可能會遺失私鑰。要是弄丟的是硬體錢包的裝置，那一樣會遺失私鑰。

　　遺失私鑰的意思，代表我沒有辦法證明我是地址的持有者。由此可見，備份私鑰的重要性。去中心化錢包都有提供備份與復原私鑰的方法，而且幾乎所有的去中心化錢包，都使用同一種方法，這個方法就是復原密碼（recovery code）。每一種錢包稱呼復原密碼的方式都不同，有些稱為助憶詞（mnemonic code）；有些稱為助記詞（seed phrase），其實都是一樣的意思。各位接著看下

去的話，就會知道復原密碼的重要性。

　　私鑰是由一連串非常非常複雜，又非常長的數字組合而成。乍看之下，會覺得很像一串暗號。這一串數字中，只要錯了一個，就會變成完全不同的私鑰。所以，才又將私鑰表現成容易讓人閱讀的英文詞語表。而用英文詞語表的型態來表現的私鑰，就稱爲助憶詞或助記詞。即復原密碼，也可以視爲私鑰。當然，正確的說法是，從復原密碼運算出私鑰。不過，將復原密碼理解爲私鑰也無妨就是了。

　　一般而言，使用復原密碼爲錢包私鑰備份與復原的方法如下。第一次設定錢包的時候，錢包程式會讓我們看到這組復原密碼，而我們就必須將這組復原密碼，妥善保管在某個地方。因爲，未來有可能會遇到需要使用復原私鑰的情況。錢包程式的選項中，有一個復原選項，只要在這裡輸入復原密碼，就可以再繼續用之前的私鑰來使用錢包。復原密碼通常可以相容於不同的去中心化錢包。所以，即使原先使用的錢包突然停止服務了，我也還是可以透過另一個錢包，以復原密碼找回相同的私鑰，並且繼續使用區塊鏈提供的服務。

　　從上述內容來看，將復原密碼保管在哪裡也相當重要。假設，B 把 A 的復原密碼偷走，那麼 B 就可以用復原密碼，復原 A 的私鑰後使用 A 的錢包。這也意謂 A 的所有資產都會被 B 拿走。這再一次彰顯了妥善保管復原

密碼的重要性。復原密碼通常是由 12 至 24 個英文單字所組成。有些人會將這些英文單字分成兩組，分別儲存在兩封電子郵件裡；也有人是將這些單字抄寫在紙上，放在自家金庫裡。無論使用哪種方法，總之妥善保管復原密碼，不讓復原密碼被偷走是極其重要的一件事。

而 D'CENT 的指紋辨識錢包，或是 Ledger Nano X 這樣的硬體錢包，它們的復原密碼除了 24 個英文單字之外，也提供使用者增加單字的功能。就算有人偷走那 24 個英文單字，竊取密碼的人也不會知道使用者新增的那個單字是什麼，自然就能安全守護使用者的私鑰了。論及復原密碼與私鑰的重要性時，提醒再多次都不過分；因此，後續我也還是會再說一次。

不同主網使用不同的錢包

前面已經提過，不同的主網會有不同的區塊鏈生態系統。錢包也一樣，在不同的主網上，可以使用的錢包種類也不同。因此在使用之前必須先了解，我想要使用的服務建構在哪一個主網上，以及可以在該主網上使用的錢包有哪幾種。

為了管理在區塊鏈主網的代幣，或是為了使用以主網

為基礎的 DApp，錢包都是不可或缺的。然而，大部分開發主網的公司或是團隊，在開發主網時就會將錢包也一併進行開發。意思也就是，主網會有屬於自己的官方錢包。一般而言，主網的官方錢包是由負責開發主網的團隊，或者是與主網開發團隊有密切往來的合作夥伴負責開發。以下列舉的都是可以稱之為主網官方錢包的錢包。

- 以太坊主網：MetaMask
- Solana 主網：Phantom 錢包
- Cardano 主網：Daedalus、Yoroi
- 瑞波主網：XUMM
- Tera 主網：Tera Station
- Klaytn 主網：Kaikas
- Stacks 主網：Hiro Wallet

前面已經提過，各類的主網中，有些主網可以和以太坊相容，而通常只要使用一個錢包，就可以在其他與以太坊相容的主網上使用。一般而言，與以太坊相容的主網上，大家很常使用的是 MetaMask，也就是以太坊的官方錢包。

如果在不同的主網上，都要使用不同的錢包，那當然會不方便。因此，也有數個主網支援同一個錢包的情況，

這類的錢包稱為多鏈錢包（Multi-Chain Wallet）。例如，
D'CENT 錢包與 Trust 錢包就屬於能支援數個主網的多鏈
錢包。各位只要選擇適合自己使用的錢包就好。

使用錢包時最重要的事：復原密碼

　　妥善保管復原密碼是使用錢包時最重要的一點。儘管
上文已經提過，不過，我還是想再為各位統整一次有關復
原密碼的內容。因為很常有使用者會混淆錢包軟體的密碼

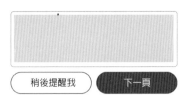

錢包初期設定時，確認復原密碼

與復原密碼。接下來的內容，就讓我爲各位說明這兩者的差異。

從私鑰計算地址的方法

　　去中心化錢包最重要的功能之一爲管理私鑰。我們在錢包裡看到的地址，是從私鑰計算後，得出的結果。雖然知道私鑰就可以計算出地址，但是只知道地址，是無法計算出私鑰。而 A 這一個地址，就只會有一個私鑰（其實，更正確的說法是，使用多重簽名（multi-sig）這種技術的話，可以用好幾個私鑰來管理一個地址，但是一般的使用者是以一個私鑰管理一個地址）。

私鑰扮演的角色是證明地址的持有者

　　私鑰在區塊鏈裡扮演的角色是證明地址的持有者。而證明地址持有者的過程是使用私鑰產生數位簽章來完成。這和我們在實體商店刷卡結帳時，需要簽名的意思相同，只是這個數位簽章是在網路上進行。當我們在進行像是匯出以太幣，或是購買 NFT 等交易時，數位簽章就會包含在交易裡。而原理就是藉由數位簽章來確認是否爲地址的主人。

私鑰一定要備份

持有私鑰的人就代表是地址的持有者。因此，最重要的是自己的私鑰由自己來保管。如果使用的是軟體錢包，那麼當錢包的軟體被刪除，私鑰也會一起被刪除。如果是安裝了軟體錢包的智慧型手機或是筆記型電腦遺失，那情況也一樣。這就是私鑰一定要另外保管的原因。

復原密碼就是備份私鑰

私鑰是由一組極為複雜的數字組合而成，用背的或是抄寫下來都太困難。因此，復原密碼就是便於我們閱讀的私鑰。更正確的表達方式是，從復原密碼可以計算出私鑰。復原密碼的組成個數，會因為錢包種類不同而有所差異；有些是 12 個，有些則是 18 個，有的甚至是以 24 個英文單字組成。我要再強調一次，由於復原密碼可以計算出私鑰，因此知道復原密碼的人，只能是使用者本人，這點真的非常重要。萬一各位在使用區塊鏈服務時，或是在投資的過程中，遇到要求各位提供復原密碼，抑或是要求各位在某個網站上輸入復原密碼的情況，真的不用懷疑，百分之百一定是詐騙。

密碼的用途是保護私鑰

執行錢包 App 的時候，使用的密碼與私鑰不同。為

了保護安裝於智慧型手機，或是桌上型電腦中的錢包私
鑰，才會需要密碼。這也意謂，密碼扮演的角色是防止其
他人用我的電腦，隨意接近我的錢包。

想使用同一個地址，就必須使用同一組復原密碼來復原
錢包

　　如果，我先在桌上型電腦建立了一個錢包地址，而我
的智慧型手機也想使用同一個錢包地址的話，那該怎麼做
呢？在這種情況下，只要使用桌上型電腦中，錢包的復原
密碼來復原智慧型手機上的錢包即可。這個時候，桌上型
電腦和智慧型手機所使用的錢包密碼可以不同，只要復原
密碼相同，就能取回同樣的私鑰，也當然就能使用同一個
地址了。

NFT
投資類型

　　這本書如果各位讀到這裡，那應該也表示各位對於投資 NFT 有興趣吧！投資 NFT，究竟意謂什麼呢？其實，NFT 可以透過各種方法投資，而這些方法，大致上可以分爲五大類型。不過，當各位更深入投資 NFT 之後，就會發現其中幾種投資類型常混在一起，導致這五種類型無法明確區分。儘管如此，還是讓我們逐一來了解吧！

間接投資 NFT 專案的加密貨幣

　　NFT 的投資類型中最簡單的方法是，投資與 NFT 有關聯的加密貨幣。這個方法並非直接投資 NFT，而是一種間接投資。舉例來說，假設我認爲這個叫作 The Sandbox 的 NFT 專案很有名，因而買入 The Sandbox 的加密貨幣 SAND。在一般的情況下，該專案的加密貨幣價值，會隨著 NFT 專案的成功，一起水漲船高。因此這個

方法可以視爲是最簡單的投資方法。

有非常多的 NFT 專案都有專屬於該專案的加密貨幣，有些則是有治理型代幣（Governance Token），作爲購買所屬專案內的 NFT 時使用。

以這個方法進行投資時需要注意一件事，也就是我們必須要留意，當該專案成功發展時，所屬的加密貨幣是否也越有價值。絕大多數的代幣都存在著代幣酬賞制（Token Economy），也就是規範何時發行、何時分配，以及何時消滅的相關規定。因此最重要的一點在於，想要投資的專案是否有代幣酬賞制，以及該規則是否設計爲專案越成功，所屬的代幣就越有價值。當然，短期的價格變化與代幣酬賞制無關，但是就長遠來看，還是會受到代幣酬賞制不小的影響。

透過買賣 NFT 的投資

下一個可以考慮的投資方法是直接購買 NFT，等到價格上漲後再賣出。類似直接投資藝術品或房地產的方式。

不過，要預測 NFT 的價值或是價格較爲困難。如果是一般代幣的話，隨著交易持續地進行，就會顯現出價格

的漲跌，在某種程度上，可以成為參考的依據；但是，每一個 NFT 都有自己獨有的價值，而 NFT 也不會很頻繁地進行交易，因此何時可以賣、要賣多少錢，都是難以預估的。

通常 NFT 的買賣，都是在我們稱之為 NFT 交易平台的 NFT 交易所進行。由於 NFT 交易平台也是一種 DApp，因此依據交易平台的不同，支援該交易平台的主網就不同。這時，了解自己想投資的 NFT 是由哪一個主網所發行，就顯得十分重要。除此之外，也需要找出哪些交易平台是由該主網提供服務。

而每個交易平台的交易量也有明顯的差異。這時，選擇交易熱絡的平台，對於提高投資收益當然會比較好。

可以購買 NFT 的交易平台有兩種，分別稱為初級市場與二級市場。初級市場指的就是，創作者將自己創作的 NFT，以公開競標的方式出售的平台。而二級市場指的則是，在初級市場購買 NFT 的使用者，互相進行買賣的平台。

通常 NFT 是以競標的方式進行交易。有的時候，買家會以我所提出的售價直接購買，但偶爾也會遇到買家提出誇張的低價，想藉此誘使賣家判斷失準，這一點一定要格外注意。舉例來說，我把一個 NFT 以售價 1,500 KLAY 上傳，而某位買家則提出欲以 1.499 KLAY 購買。各位應

該有發現，兩個價格之間的差異有多大了吧？我的希望售價是 1,500 KLAY，但是對方提出的購買價格則是 1.5 KLAY。如果沒有仔細確認，那極有可能會將 1.499 看成 1,499。

　　那麼，該怎麼決定出售的價格呢？原則上來說，以當初購買的價格爲基準，訂定售價就可以了。不過，如果有其他基準，可以提高售出機率，應該也不錯吧！畢竟，沒有固定的基準時，想要訂定售價的確會有困難。因此，有幾個資訊，可以作爲參考依據。

　　有些 NFT 是一組的作品，可以視爲是一系列的作品。一個系列的作品通常會有所謂的底價（Floor Price），也就是在這一組 NFT 作品中，最低價格的 NFT。這時候，就可以將這一系列作品中的底價，作爲我想售出之 NFT 的售價基準。

　　部分的系列作品，會將稀有程度以分數呈現；在同一組系列中，較爲稀有的 NFT，相對具有較高的價值。因此，若系列作品有標示稀有程度，那麼當我想賣的時候，對於擬定 NFT 的售價就會有所幫助。

　　除此之外，也有網站可以用過去的交易紀錄，計算出適當的價格。提供這項服務的網站中，最具代表性的就是 NFTbank。

　　前面也有提過，NFT 的交易一般是以競標方式進

行。不過，近來也開始有 NFT 交易平台打算以　般加密貨幣的交易方式，也就是委託簿[8]（Order Book）的方式進行 NFT 的交易。但因目前仍爲草創階段，因此 NFT 的交易能否以委託簿的方式進行，還有待觀察。

以發行 NFT 創造收益（鑄幣）

　　一定要藉由購買其他人或某個專案所發行的 NFT，才能投資 NFT 嗎？其實，也可以將自己拍的照片、影片，或是自己畫的畫作發行 NFT 後，進行販售；也可以和 The Sandbox 一樣，親自製作遊戲裝備的 NFT 後，再進行販售。而發行 NFT，又稱爲鑄幣（Minting）。

　　在 NFT 交易平台中，也有支援 NFT 鑄幣功能的交易平台。以太坊主網最有名氣的 NFT 交易平台 Open Sea，就是其中一個例子。另外，Rarible 也有支援鑄幣的功能。而 NFT 鑄幣相當容易，只要將錢包連接上去，再把想要發行成 NFT 的圖像或影像檔上傳就完成了。

　　假如各位已經發行 NFT 了，那就要開始販售。若

8　譯注：委託簿意指股票市場，或加密貨幣市場等特定市場中，買方與賣方所有買賣交易的電子紀錄。

NFT 發行人在社交軟體上具有知名度與影響力，那就可以在自己的頻道或帳號上宣傳。如果不是的話，就必須尋找宣傳的管道。例如，加入 NFT 創作者的社群，藉由社群中的互動，相互交流並尋找銷售的機會。

　　要是覺得自己親自宣傳與販售非常困難的話，也可以試著以創作者的身分參與 NFT 的初級市場。有些 NFT 的市場，只有已註冊的創作者，才能在市場上販售自己的作品。例如，SuperRare 只要申請的時候附註一些簡單的說明，經過簡易的驗證過程，就能註冊成為創作者。由於該市場的特色就是只販售已註冊為創作者的作品。因此，只要能以創作者的身分註冊成功，將這個平台作為自主發行 NFT 的販售管道，相當有利。

　　相較於購買 NFT 作為投資之用，發行 NFT 進行販售，是一個相對安全的投資方式。但是，這並不代表發行 NFT 不用花任何一毛錢。在絕大多數的主網上，會有所謂的網路手續費。如，以太坊的手續費計算單位是 GAS，因此也被稱為 Gas Fee。近來，更有一種新的鑄幣方式，是以暫時的方式鑄造 NFT，待交易成功時，才實際進行鑄幣（因此也稱為「Lazy Minting」）。由於是暫時的鑄幣，因此 NFT 發行人無須支付網路手續費。不過，購買該 NFT 的第一位買家，會需要支付鑄幣所須的網路手續費。

　　在發行 NFT 的時候，　定要再三確認，欲發行的圖像或影像是否有著作權的爭議。因為 NFT 還是會受到著作權的影響；因此最安全的方法就是以自己擁有著作權的作品來發行 NFT。

透過 NFT 的遊戲創造收益（Play to Earn）

　　各位有沒有聽說過邊玩邊賺（Play to Earn）呢？如果以前玩遊戲要付錢，現在的我們則是朝向邊玩邊賺，或者是為了賺錢而玩遊戲的時代邁進。這種遊戲以及趨勢就稱為邊玩邊賺。

　　即使不是 NFT 遊戲，過去也還是有些遊戲，可以讓玩家透過出售遊戲裝備，或是賣帳號等方式邊玩邊賺錢。而 NFT 遊戲與傳統遊戲的差異是，可以使用加密貨幣來交易 NFT，因此不需要透過其他遊戲裝備的交易網站就可以賺錢。此外，有些遊戲還會提供玩家加密貨幣，作為玩遊戲的報酬。

　　將邊玩邊賺的潮流發揚光大，最具代表性的遊戲就是「Axie Infinity」。這個遊戲裡的角色全都是 NFT，而使用 NFT 遊戲角色玩遊戲，就可以獲得一種稱為 SLP 的加密貨幣。

　　在 Axie Infinity 取得亮眼的成績之後，這種邊玩邊賺的遊戲，如雨後春筍般地出現在市面上。而這股潮流正式興起於 2021 年，因此仍為剛起步的階段。我個人認為，在不久之後，超越邊玩邊賺的潮流，向我們迎面而來的將會是邊行動邊賺錢（Action to Earn）的時代。

透過早期投入 NFT 專案創造收益

　　除了上述的 NFT 專案之外，仍有非常多的 NFT 專案。每個 NFT 專案都依照自己專屬的藍圖，一邊開發一邊創造自己的社群。分析每一個專案的藍圖，親自參與專案都可以為自己創造收益。

　　儘管這樣的投資方法需要大量的學習，但是若能早期投入一個對的專案，隨之而來的便是可觀的收益；當然也會伴隨著同等的風險。投資新創專案，有可能會遇到專案中斷，或是專案團隊解散的情況，致使資金的損失。因此，當各位想要投資 NFT 新創專案時，仔細分析該專案的藍圖、開發團隊，或者是直接參與等，都是非常重要的事。

NFT 標準化趨勢

　　目前 NFT 仍處於剛起步的階段，這也代表未來還有很大的發展空間。接下來的內容，將以 NFT 標準化的觀點，檢視 NFT 的技術究竟已經發展到什麼樣的程度。標準化的程度越成熟，代表能應用 NFT 的方法就越多。因此在我看來，試著了解 NFT 標準化的發展進程，有其重要性。接著就來看看，當 DApp 與 DApp 之間，乃至於主網與主網之間以提升 NFT 相容性為目標時，究竟 NFT 的標準化是如何發展的。

區塊鏈標準化的發展是以社群為中心

　　讓我們先來了解，在區塊鏈的領域裡，標準化是如何發展至今。一般而言，區塊鏈以外的領域，會有特定的標準化組織，或者是透過某個機構以達成標準化的目標。而提到「區塊鏈」時，隨之而來的單字正是「去中心化」。

因此，區塊鏈領域的標準化不會依賴某個特定的機關，而是以社群為中心發展出標準化。如同生態系統的組成是依據主網的不同而定，標準化也是以各個主網為中心進行發展。接下來，我會以最典型的兩個主網：比特幣主網與以太坊作為範例，說明區塊鏈標準化的發展方式。

最早以社群為中心，發展標準化的區塊鏈主網，就是比特幣主網。在比特幣的社群裡，所有的人都能提出改善比特幣的構想，這樣子的構想，又稱為比特幣改善方案（Bitcoin Improvement Proposals），也就是 BIP。依照 BIP 提出的順序，會以 BIP-001、BIP-002 的方式編號。這些改善方案與標準化，都會在公開的郵件清單（Mailing List）與開放原始碼專案（Open Source Project）的原始碼管理工具 GitHub 上，以完全透明公開的方式進行。

而以太坊也和比特幣主網一樣，以相同的方式發展標準化。所有的人都可以將改善方案提供給以太坊。改善

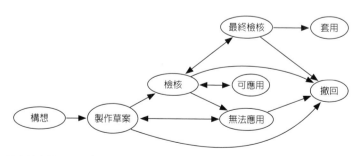

以太坊改善方案的處理過程

方案的內容，會經過檢視與公開討論，然後再決定是否要將討論的結果應用在以太坊。比特幣主網的標準，稱為BIP；而以太坊的標準則稱為 EIP（Ethereum Improvement Proposals）。

然而，以太坊和比特幣的主網之間，還是存在了一個差異。在以太坊，除了 EIP 之外，還有一個 ERC。如果EIP 單純只是改善方案的內容，ERC 則是為了真正可以具體實現所整理而成的內容。前面也有提過，以太坊是執行智能合約的主網。為了確保各種智能合約與 DApp 可以正常執行，必須再三確認相容性。ERC 就是為了確保相容性，而另外整理而成的內容。

ERC 中，最具代表性的就是 ERC-20。ERC-20 是憑藉以太坊為基礎之同質化代幣智能合約的標準化介面（Interface）。目前憑藉著以太坊為基礎所發行的同質化代幣，幾乎全部都是依循 ERC-20。而 NFT 的智能合約相關標準也定義在名為 ERC-721 以及 ERC-1155 中。

各主網的 NFT 標準現況

以下內容將介紹不同主網上，NFT 相關標準之發展與應用。首先將介紹以太坊和與以太坊相容主網的標準，

接下來再介紹不相容於以太坊主網的標準。其中,不相容於以太坊主網的部分,我只會挑選其中幾個為各位介紹。

以太坊和與以太坊相容的主網

以以太坊為基礎的 NFT 相關標準裡,最為基本的就是 ERC-721。在 ERC-721 裡,定義了 NFT 智能合約介面的標準。

ERC-721 標準中,已經定義了可以查詢特定地址持有的 NFT 個數、持有特定 NFT 的地址等資訊的介面,以及傳送 NFT 到其他地址的介面等。只要透過這樣的介面,DApp 就能與 NFT 智能合約通訊。

以 ERC-721 標準所發行的 NFT,皆具備其獨有的屬性。照這樣來看,會不會無法發行好幾個有同樣屬性的 NFT 呢?例如,我想發行 100 個擁有同樣屬性的遊戲裝備;此時,我需要依循的 NFT 標準則是 ERC-1155。在 ERC-1155 裡,定義了可以發行具有相同屬性之多個代幣的 NFT 標準。

相信各位還記得,NFT 的元資料裡囊括了 NFT 的屬性。而 ERC-721 與 ERC-1155 這兩個標準中也定義了呈現 NFT 屬性的元資料之相關界面。更準確的說法應該是標準中涵蓋了元資料所在位置的相關資訊。由於 ERC 是智能合約的標準,因此也可以將之視為只把元資料的位置儲存在鏈上的一種結構。

實際上，作爲 NFT 屬性的元資料，並不是儲存在智能合約裡，而是儲存在 NFT 智能合約上顯示的鏈下位置。當然也可以將元資料儲存在鏈上，再將元資料的位置寫進智能合約。

ERC-721 與 ERC-1155 裡，也定義了元資料的相關結構，如 NFT 的標題、說明、圖像的位置、附加特性等，不過，有關附加特性的相關介面，並未明確定義。由於要在 NFT 放入何種屬性，是取決於發行人想要發行什麼樣的 NFT，因此，這可以視爲是爲了提升運用 NFT 的自由度所做的決定。

Solana 主網

基本上 Solana 是以稱爲 SPL（Solana Program Library）的介面爲基礎發行 NFT。剛剛有說過，以太坊主網只有將元資料位置的資訊儲存在鏈上。但 Solana 是將基本的元資料儲存在鏈上，只有附加屬性儲存在鏈下。

而儲存在鏈上的基本元資料涵蓋了 NFT 的標題、NFT 發行人、發行人版稅等項目。其中，將 NFT 發行人的版稅列入 NFT 基本元資料的這一點，被視爲 Solana 與其他主網有所區別的主要特色。基本元資料以外的資訊，如圖像或是 NFT 的附加屬性等內容，則儲存在鏈下。

Flow 主網

　　Flow 是以運用 NFT 爲主要目標的區塊鏈主網。以 Flow 爲基礎的 NFT 智能合約標準的特色是，NFT 智能合約的介面中包含了租借 NFT 的介面。

　　Flow 作爲應 NFT 而生的主網，不僅規範了 NFT 的智能合約標準，就連 NFT 交易平台也規範了相對應的介面。不論在哪一個市場交易 NFT，它都能確保市場間的相容性，可以看作是一種不受市場限制的功能。

　　以 Flow 爲基礎的 NFT 元資料，仍未定義明確的標準介面。這一點似乎可以視爲 Flow 考量 NFT 的自由度以及 DApp 之間相容性所做出的折衷辦法。

Stacks 主網

　　以 Stacks 爲基礎之 NFT 的智能合約標準定義於 Stacks 改善方案中的 SIP-009。智能合約標準中包含了基本傳送介面與元資料的位置資訊。儘管 Stacks 和 Flow 一樣，對於元資料的標準尚未定義，不過相關議題已經在進行討論。能輕鬆查閱 NFT 的相關資訊是 Stacks 主網本身的功能，也是 Stacks 主網的特色。

依現有的 NFT 標準，我們可以做的事

從各主網的 NFT 標準現況來看，大多數的主網，對於 NFT 智能合約的標準有明確的定義。不過，為了確保相容性，與元資料有關的標準則尚未完成定義。因此依照現行的標準，我們能做下列事項。

在錢包裡管理 NFT

由於 NFT 智能合約的標準有明確的定義，而我們也可以取得基本的元資料，因此，我們才有可能在錢包裡管理這些以各主網為基礎的 NFT。這代表著我的錢包裡，只要有 NFT 智能合約地址的資訊，我就能將該智能合約所發行的 NFT 給其他人看，也可以進行傳送等諸如此類的管理行為。

在不同類的主網區塊鏈間移動 NFT

儘管，每個主網皆使用不同的程式語言具體化智能合約，不過每個 NFT 智能合約介面所提供的基本功能都很類似。因此理論上，在主網之間移動 NFT 應該是可行的。目前普通的同質化代幣可以藉由橋移動到另一個主網；而 NFT 應該也可以使用一樣的方式，從這一個主網移動到另一個主網。只是，如同先前所說，目前專屬 NFT 的橋尚未出現。

依現有的 NFT 標準，我們無法做的事

　　如我們在前述內容所見，截至目前為止，呈現 NFT 屬性之元資料的相關規則可以說尚未定義完成。為了確保服務的擴充性與相容性，相關的標準仍處於剛開始發展的階段。實際上整個 NFT 市場本身才剛開始發展而已。我覺得未來標準化將朝向保障下列的相容性問題，而有更進一步的發展。

確保 NFT 在 DApp 之間的相容性

　　試想我擁有一個 NFT 發行的遊戲裝備。我假設這個遊戲裝備是汽車好了。我可以用這個汽車 NFT 在賽車遊戲裡競速；那我應該也可以在其他 RPG 遊戲裡，使用這個汽車 NFT 當作交通工具。

　　像這樣，為了能夠在不同種類的 DApp 裡面使用同一個 NFT，就會需要元資料的標準化。如果標準化沒有建立，那 DApp 為了確保彼此之間的相容性，就會需要將 NFT 的元資料相關資訊一個一個進行彙整，這就會成為一個巨大的阻礙。

NFT 交易平台間的相容性

　　像 OpenSea 或是 Rarible 的 NFT 交易平台，都有提供

發行 NFT 的功能，讓我可以藉由自己擁有的內容物（圖像或是影片）來發行 NFT。這也可以視爲一種將數位藝術發行成 NFT 的功能。只要使用這個功能，創作者可以在發行 NFT 的同時，設定手續費。舉例來說，如果創作者將手續費設定爲 10%，那每次 NFT 成功交易時，創作者就能拿到交易金額中 10% 的手續費。

　　NFT 在流通的過程中，創作者可以收取手續費的這一點，對於從事創作的人來說深具吸引力。或許，正因爲如此，大眾對於數位藝術發行 NFT 非常感興趣。不過在這樣的情況下，我們想要使用發行 NFT 的功能，就只能依賴該市場的智能合約。試想，如果我想將在市場 A 發行的 NFT，拿到市場 B 販售的話呢？要是兩個市場之間沒有連動，那創作者極有可能會拿不到手續費。我認爲，若保障市場之間相容性的標準出現，那麼 NFT 的流通將會更加自由。

Web3.0 與 NFT
的未來

　　正在閱讀本書的各位，應該早已知道 NFT 是以區塊鏈為基礎的技術。因此，NFT 的未來與區塊鏈技術有著密不可分的關係。在接下來的內容，我將介紹應用區塊鏈的全球大趨勢，以及未來 NFT 將如何發展。

從網路參與跨越到擁有網路：Web3.0

　　我們大多數的人，在 Web1.0 的時候，都只有消費網路上的資訊。隨著我們跨越到 Web2.0，消費者也開始成為內容的生產者。而即將迎來的 Web3.0，正在朝向擁有網路發展。而位處 Web3.0 核心位置的正是區塊鏈與 NFT。

　　對現在的我們而言，有諸多我們所熟悉的網路服務。以 YouTube 為例，我們上傳了數也數不清的影片，乍看之下，會以為我們所上傳的影片屬於我們自己的。事

實上，這些影片是營運 YouTube 的公司，也就是 Google 所有。要是 Google 突然以違反公司政策等諸如此類的理由，阻擋我們使用屬於自己的帳號，我們之後就再也無法使用 YouTube，而這也再次證明 YouTube 實際上是 Google 所有。在 Web3.0 的時代欲達成的目標是，將這類的所有權歸還給使用者。換句話說，也就是可以透過 NFT 與區塊鏈的技術，將這類的所有權歸還給使用者。

儘管如此，Web3.0 仍只是一個概念，實際上相關的服務也尚未建構完成，目前僅有的還只是非常初期的實驗性服務。不過，由於我們的生活早已被區塊鏈的技術滲透，因此預估 Web3.0 有機會發展得更快速。

Web3.0 時代全新的組織結構：DAO

在 Web3.0 的時代，組織的樣貌也極有可能會產生變化。為了讓我們能更直接地達成所謂的民主，有許多的試驗也正在進行。這種組織結構就稱為 DAO。在 DAO 這種組織結構裡，前述的社群扮演了重要的角色；因此 DAO 可以視為以社群為中心的組織結構。隨著以區塊鏈為基礎的 DApp 服務日益增加，採行 DAO 這種新型態組織結構的案例也將逐漸增多。換句話說，我的參與權限會隨著我

所擁有的比例增加；同時也會發展出依據參與的程度，獲得利益分配的方法。

不過 DAO 和 NFT 一樣，仍處在實驗性的階段。未來，具有不同樣貌的 DAO 組織將逐漸出現。

未來 NFT 將如何發展？

前面也已經提過，NFT 仍爲發展的初期階段。就像網際網路出現之前的電腦通訊時期。儘管出現了各式各樣的想法，但實際在做的都還很原始。依然停留在將數位藝術 NFT 化，或是將像素藝術（pixel art）當成虛擬角色的程度。

此外，從一個專案裡製作出來的 NFT，在其他專案裡還無法使用。因此，從結果來看，NFT 最後也還是必須確保不同 DApp 之間的相容性。意思也就是在一個遊戲中的裝備，可以在另一個 DApp 當成入場券使用，抑或是作爲貸款時的擔保使用。

貸款屬於金融領域，也就是利用區塊鏈技術的金融服務，稱爲 DeFi。欲將 NFT 作爲貸款擔保之用，也意謂著我們想要嘗試將 NFT 與 DeFi 連接在一起。而這樣的嘗試，也還在發展的初期階段而已。待 DeFi 更爲普及後，

我們也會看到更多嘗試將 NFT 與 DeFi 結合的試驗。這也是我們必須同時關注 DeFi 與 NFT 的原因。

目前能應用 NFT 的領域仍相當有限。前面也有提過，NFT 是將有形或無形的資產代幣化最為合適的技術。因此我認為跟上趨勢，留意 NFT 能否朝向靈活應用的方向發展極其重要。

PART 2

——

將 NFT 視為投資標的：

動搖傳統金融市場、創造嶄新價值的
NFT 之潛力概述

任東玟 教保證券經濟學家

自 2006 年起，每天都在感受金融市場上的各種現象。分析實體經濟，也
預測市場及經濟的短、中、長期發展。不僅對傳統的實體經濟與金融市
場感興趣，同時也關注數位金融、普惠金融、投資 ESG、區塊鏈與加密
資產等新趨勢。著有《未來十年，改變世界的七大變化》、《財富置換，
加密貨幣之戰》（共同著作）、《下一個金融》（共同著作）等。

繼比特幣出現後，
最具衝擊性的 NFT

要再一次錯失機會，還是要掌握機會？

　　每當論及 NFT 時，我個人都會想起一件事：2017
年 12 月 15 日，第十六屆 Seoul EthereumMeetup[1] 以
「CryptoKitties, Decentraland, Market Outlook, Solidity
Techniques」為主題召開會議。當時我以〈區塊鏈加密市
場概要：投資去中心化循環〉（Blockchain Crypto Market
Overview-Investment on Decentralized Cycle）為題，說明
買進比特幣、以太幣等加密貨幣（Cryptocurrency）[2]，等於
投資去中心化經濟循環。

1　第十六屆 Seoul EthereumMeetup 活動資訊，https://www.meetup.com/
　　Seoul-Ethereum-Meetup/events/245564390。
2　Cryptocurrency 在韓文中，可以譯為虛擬貨幣、加密貨幣、虛
　　擬資產、加密資產等，易致用語之混亂。筆者在此欲表達的
　　Cryptocurrency 為應用區塊鏈、加密化、去中心化的哲學與技術
　　之虛擬貨幣，為避免語意之混淆，故本文皆標示為「加密貨幣」
　　（Cryptocurrency）。

　　但是比我早上台發表的與會者，發表了與
〈Decentraland by Kieran Farr〉、〈CrytoKitties and
Crypto-Colletibles〉相關的內容，不僅重要也更趣味橫
生。過了四年，當我執筆撰寫這本書時，我又想起了這段
回憶。當時的我，由於還無法完整地理解該專案，因此也
就沒有吸收到任何相關的資訊。不過，現在回過頭來看，
以下的內容直接映入我的眼簾。

　　「Decentraland 是在以太坊區塊鏈上運作的虛擬實境平
　　台，使用者在這裡可以體驗創作內容及應用程式，並藉此
　　創造收益。社群可以永久保有 Decentraland 的 LAND，社
　　群也可以完全掌控自己的創作。以區塊鏈為基礎的分散式
　　帳本（distributed ledger）能證明使用者的虛擬土地所有
　　權。透過一連串直角坐標（x, y）就能辨識土地持有者的
　　土地，而土地持有者可以在該區域上公開內容，也能掌控
　　這些內容。且內容具有多元性，可以是靜止的 3D 場景，
　　也可以是類似遊戲的互動型體驗。」[3]

　　「CryptoKitties 是一種可供蒐集的數位貓咪，以以太坊區
　　塊鏈為基礎建構而成。在以太坊可以買賣數位貓咪，也可

　3　NonFungible.com, decentraland, https://www.nonfungible.com/market/
　　history/decentraland.

以藉由飼養貓咪，為牠們創造出擁有數種特色的新貓咪。
兩個以上的 CryptoKitties 在繁殖之後，可以產出綜合父母
基因的新貓咪。遺傳基因的組成有無限大的可能性，因此
可以產出既稀有又新穎的 CryptoKitties。一對繁殖的貓咪
中，其中一隻擔任種子的角色，再度繁殖之前需要一段恢
復期。」[4]

以 2022 年 1 月 7 日的交易量為基準時，Decentraland
與 CryptoKitties 的交易量在近期 NFT 專案中的排名分別
為第九名和第五十四名。[5]

換句話說，Decentraland 與 CryptoKitties 曾是舉
足輕重的 NFT 初期專案。2017 年底，我沒有投資
Decentraland 與 CryptoKitties，等到 2022 年初，正在執筆
撰寫本書的現在，我所感受到的心情，就如同我在 2013
年初次涉獵比特幣卻沒有投資，直到 2017 年底，研究區
塊鏈與加密貨幣時，才恍然大悟的心情一模一樣，真的是
五味雜陳。2017 年，當我發現比特幣將區塊鏈的原理具
體化之後，我因自己在 2013 年到 2017 年這四年間的無知
而受到打擊。從那之後，我持續關注區塊鏈與加密貨幣的

4　NonFungible.com, cryptokitties, https://www.nonfungible.com/market/
history/cryptokitties.

5　Top projects dashboard, https://www.nonfungible.com.

發展，毫無疑問就像當年一樣，NFT 也將處於整個重大變化的核心位置。

　　我以一個超過十五年資歷的證券市場分析師的觀點，看著經濟與市場變化至今。這也意謂我會將重點放在「新型態的經濟趨勢與現象，將為股票、債券等證券市場的價值與價格帶來哪些影響，又會以哪種方式進行交易」，以分析師的角度，試著分析 NFT。

　　另一方面，NFT 的財務績效很難以網路價值等傳統的價值評估方式來判斷，這是因為以 NFT 來證明擁有數位著作的這件事，可能原先就沒有想要將財務績效和價值形成作為主要目的。因此我認為，應該要以更單純的方式來看待 NFT 這個現象。我個人會藉由回想 1990 年代，國高中時期消費流行文化的經驗來解釋所謂 NFT 的敘事（narrative）。

　　NFT 讓我同時回想起 30 到 40 歲的我，以及 10 到 20 歲的我，NFT 給了我一個看見世界的機會。30 到 40 歲的我是一個分析師，戴著經濟價值與財務績效的有色眼鏡看待這個世界；而 10 到 20 歲的我，是個享受娛樂遊戲（小學時，玩任天堂的〈超級瑪利歐〉；國高中時，去室內遊樂場玩〈Strikers 1945〉）、看漫畫（《IQ Jump》的〈龍珠〉連載以及〈灌籃高手〉）、愛運動（KIA 汽車的籃球三人幫：許載、金裕宅、姜東熙；LG Twins 棒球隊的

金龍洙、李尚勳；芝加哥公牛隊的麥可・喬丹；洛杉磯道
奇隊的朴贊浩都曾是我的英雄），同時也是個熱衷於消費
流行音樂（N.EX.T 與 015B 的專輯和單曲）的青少年，
當時的我和現在的 Z 世代沒什麼不同。進入 21 世紀後，
NFT 的出現和過去的我曾經歷過的 20 世紀末之文化，有
何異同呢？我試問自己：「假如在我 10 到 20 歲的時候
就有 NFT，那我的這些經歷和消費，是否會延續為投資
呢？」（我給自己的回答就在結語中）。

　　在某些方面來說，因 NFT 而誕生的全新經濟生態系
統，讓我有機會以不一樣的觀點，以及較慢的節奏來觀察
它。然而，這也正是接觸一項投資標的時最基本的方法。
因為投資就是為了在未來可以創造更好的價值，而以過去
和現在為基礎投入資本。希望我的分析，對於正在觀望
NFT 的讀者們能有些許的幫助。

NFT 的定義與功能

　　如同本書 Part 1 所提及的內容，NFT 是「Non-
Fungible Token」的縮寫，譯為非同質化代幣。如果用更
簡單的用語來描述，也就是具備獨特性質的表徵。再換句
話說，NFT 在本質上的概念就是具備獨特性，並且能當
作交易工具的一種表徵。

市內公車的代幣與國高中生的市內公車回數票（資料來源：namu.wiki）

　　如果對於區塊鏈和加密貨幣感興趣的讀者，應該已經很清楚代幣所代表的涵義。儘管如此，還是讓我們再了解一下，在 NFT 裡代幣的意思。所謂的代幣，本來具有表徵、形式上物品之意，後來則演變成含有商品交換券或是服務交換券的意思。我只要一聽到代幣，就會想起我國中時候的事情。那個時候，我搭公車是用回數票，大人們則是用代幣。雖然搭公車也可以投硬幣，但是學生就是用回數票，大人就是用代幣，因為代幣不僅便於保管，使用上也很方便。就為了使用這麼一次，這種稱為公車的特定服務。代幣是一種表徵，代表的是專門用於特殊用途的交易工具。

　　而 NFT 的特性中，所謂不可取代的意思又是什麼呢？我覺得安東尼・聖修伯里所著的《小王子》故事中的狐狸，將不可取代的意思，表現得最為淋漓盡致。狐狸對正在尋找朋友的小王子這麼說。

「在我看來，現在的你和其他無數的少年們沒有什麼不同，就是一個普通的小男孩。所以，我沒有你也沒關係；而你，沒有我也沒關係。因為在你眼裡，我和其他的狐狸沒有什麼差別。可是，一旦你豢養了我，我們就會需要彼此。對我來說，你會成為這個世界上唯一的存在；對你來說，我也會成為這個世界上唯一的存在。」

小王子與狐狸對彼此而言是不可取代的存在（資料來源：Pinterest）

如果小王子和狐狸成功建立了一段關係，那小王子與狐狸對彼此而言都會是唯一且不可取代的存在。

我再舉每一個人與名字的關係當作例子。我的名字是任東玟。如果在 Naver 的搜尋引擎搜尋任東玟，那麼最先出現的搜尋結果會是韓國首位世界級鋼琴家。意思也就是，可以搜尋得到同名同姓的不同人，那「任東玟」這個名字就不是唯一。但是現在正在寫書的這個任東玟，是這

個世界上唯一的一個存在，不可取代的存在。當某個人叫我這個人「東玫」的時候，我就是一個被稱呼為東玫的獨特存在。

NFT 是具有貨幣性質的代幣，也是被賦予身分並具備獨特價值的有形與無形資產。公車代幣在悠遊卡還不存在的時代，能取代硬幣方便我們使用；而公車代幣，除了單純搭乘公車的功能之外，如果還能證明它的存在與連結的關聯性，就能為公車代幣建立獨特且不可取代的關係。

如果要從區塊鏈、加密以及代幣化金融的角度，試著為 NFT 下定義，那我認為 NFT 是應用區塊鏈技術的代幣，結合了具備獨特價值的有形與無形資產驗證以及所有權證明，發行為不可取代的代幣，並使之流通的技術與市場。除此之外，透過 NFT 的程式設計，得以讓 NFT 在創作和交易時，能履行智能合約。即 NFT 是具有區塊鏈、加密資產與不可取代的集合體，讓新型態的活動、連結、支付和投資得以實現。同時，這樣的 NFT 技術和金融，在數位與加密市場，還有即將來臨的元宇宙（Metaverse）環境中，都能創造出和以前完全不同的活動與價值。

NFT 掀起的
貨幣革命

NFT 的貨幣功能

　　當我初次涉獵NFT時，最讓我深表同感的一點是「絕無僅有並且具備獨特性質的貨幣」。NFT 已經遠遠超越了主流經濟與金融理論為貨幣下的定義，它為貨幣帶來了全新的定義。

　　一般而言，貨幣具有以下幾種功能：①交易媒介；②價值標準；③價值儲藏。貨幣作為交換商品與服務的媒介，展現了超越以物易物的多重交換價值，也提供了衡量價格的標準；同時也可以儲藏，以利未來消費之用。因為貨幣具有這些功能，因此實體經濟與金融活動才得以實現。

　　但是，一般的貨幣都一模一樣，毫無差別。十年前發行的 1 萬元韓幣和 2022 年才發行的 1 萬元韓幣紙鈔，兩者之間在幣值上彰顯出來的購買力，沒有任何區別也是必然。再者不論是持有現金或存放在銀行，本質上並沒有不

同。這種特徵也反映在比特幣（BTC）、以太幣（ETH）等加密貨幣上，這些加密貨幣藉由區塊鏈、加密化以及去中心化的哲學與技術，使交易可靠度獲得保障。就像十年前挖礦取得的比特幣，和不久前在虛擬資產交易所買的比特幣，其實兩者沒有任何差異。當然，加密貨幣在交易時，交易明細會隨之而來的這一點，和法定貨幣[6]不同。然而，不論是法定貨幣還是加密貨幣，因為不具獨特性質，所以都可以被取代。

　　這為貨幣、信用與代幣的功能及應用提供了重要的特徵。可以取代的貨幣、信用與代幣，皆不具獨特性質、不具身分，因此易於作為：①交易媒介；②價值標準；③價值儲藏，也就是一般貨幣和金融都有提供的功能。由於貨幣不具指定性，因此易於當作交易的媒介使用，也因貨幣不具有內在價值，因此才能將商品或服務的價值標準當作絕對的基準。再者，不論是在錢包裡或金庫裡，也不管是消費或投資專用的銀行帳戶，總而言之，都易於儲藏，以利未來消費之用。相對的，當貨幣具備獨特性質與不可取代性的時候，則該貨幣不適用於作為交易媒介、價值標準，以及價值儲藏。

6　雖然法定貨幣也有交易明細，但是無法公開瀏覽，因此與加密貨幣有所差異。

開始為貨幣交易賦予意義

　　然而，有的時候我們還是會希望在交換貨幣時，能賦予它們一些意義。以壓歲錢來說好了，儘管購買力沒有差異，但因為我們將壓歲錢賦予了新的開始之意，因此我們偏好使用新鈔。當我們在給壓歲錢的時候，也可能會藉由明信片表達心意，這種方式也可以視為一種為貨幣交易賦予意義的行為。在特殊的紀念日發行的郵票或是紀念幣也是一種為貨幣賦予特殊意義的表徵。

　　使用者們在數位網路交易上，對於這類的需求有增加的跡象。其實從行動支付 App 為了提供使用者不同的經驗，而推出賦予意義的線上轉帳方式就能知道。舉凡，中國微信支付推出的紅包線上商品、美國 Venmo* 的訊息轉帳服務、韓國 Kakao 的送禮功能等，都是最具代表性的例子。

　　微信支付看準了華人圈在重要節慶時，都會把錢放在代表幸運的紅色信封裡，因此推出了這種線上轉帳商品。當時壟斷了行動支付市場的支付寶，因此而受到不小的打擊。

> **Venmo**
>
> 提供匯款服務的美國金融科技企業。不僅是個人與個人之間的行動支付，還結合了社群網路功能的行動裝置 App；一上市就獲得了眾多使用者的青睞。紐約客們已經習慣了沒有現金的社會，因此在紐約客們之間「用 Venmo！」的這句話，幾乎已經成為一句流行語。

　　如果是韓國人，應該都曾使用過「Kakao 送禮功能」。雖然想表達心意，但是藉由網路傳送訊息，或是在實際生活中送禮物給對方都不太方便的情況下，就可以發揮巧思，使用 Kakao 送禮功能。例如，可以選擇咖啡 Gifticon，再加上幾句簡單的文字就可以傳送出去了。若只匯現金可能會太乏味，如果再加上文字留言，就能為這筆款項賦予更多的意義。目前 Kakao 送禮功能已經進化再進化，可以加上文字留言的圖像樣式也越來越多。

　　使用加密貨幣進行的轉帳與交易也一樣，並非是一成不變的貨幣交易。加密貨幣的交易明細包含了特殊意義，記錄在既透明又不可逆的區塊鏈上，這就會成為獨特且不可取代的交易與紀錄。

　　2009 年，中本聰在比特幣網路創造出的第一個創世區塊（Genesis Block）上記錄下這一段訊息：「泰晤士報 2009 年 1 月 3 日財政大臣面臨提供銀行第二次的紓困」（The Times 03/Jan/2009 Chancellor on brink of second bailout for banks）。根據中本聰記錄下的這段訊息，可以讓我們一窺 2008 年全球金融危機之後，大眾對中央機關失去信心的情況。因此也有人推測，當時的這個狀況成為中本聰開始著手比特幣專案的動機。從那之後，比特幣成為去中心化貨幣交易與金融系統最強而有力的敘事，而這個強而有力的敘事，又成為不可逆也不可取代的交易紀錄。

　　2018 年 4 月，以太坊區塊鏈上出現了 ME TOO 運動的相關貼文，這則貼文曾引發話題。中國北京大學的一位學生為了躲避網路線上審查，在以太坊區塊鏈上記錄下性侵事件。一位名為岳昕的學生，在以太坊傳送以太幣（ETH）時，輸入了以十六進位寫下的備忘錄；如果將此份備忘錄以 UTF-8 *轉換後，就會看到一篇以「致北京大學師生的一封信」為題的文章。

> **UTF-8**
>
> 為 Universal Coded =Character Set + =Transformation Format–8-bit 的縮寫，是一種可變長度的字元編碼，也是萬國碼的編碼形式之一。

　　「1998 年，北京大學將一名疑似涉嫌性侵 21 歲大學生的男教授辭退。受害學生以自殺的方式結束了自己的人生。校方僅以『辭退』和死亡，終結了性侵事件。有 8 名學生對此要求校方公開過去案件的相關資訊，但是校方僅回覆了辭退這一項事實，並未公開其他相關的資訊。據傳遞交資訊公開申請書的學生們受到校方的施壓。岳昕透過以太坊備忘錄，將這個事件記錄下來，散布至全球網路並儲存在以太坊區塊鏈。」[7]

7　金烈每，〈區塊鏈理想與現實，現在到哪裡了〉，Hanwha 投資證券研究，2018 年 5 月。

這就是中國 ME TOO 運動，透過以太坊去中心化的方式，將訊息記錄在交易●中，躲避當局的 SNS 審查，永久留存在區塊鏈上，而引發話題的例子。

交易 Transaction

在數據資料通訊系統裡，記錄著管理標的物基本資訊之主檔案（master file），對該主檔案進行內容的追加、刪除與使其更新與交易的行為就稱為交易。

記錄於以太坊區塊鏈的中國 ME TOO 事件（資料來源：Etherscan.com）

如同先前已經提過的內容，在數位與加密世界的使用者們，想在枯燥乏味的貨幣交易上賦予意義，像這樣的需求不停地增加。網路上以及去中心化 App 一直朝向各自的貨幣交易，或是提供交易附加功能的方向進化。

　　然而 NFT 從這裡又往前邁進了一步。NFT 是具有貨幣性質的代幣，也是被賦予身分、稀少性及獨特性的有形與無形資產。NFT 作爲具備獨特性質、稀少性與身分的數位代幣，具有建構新興價值的經濟生態系統、牽起新興交易與連結的潛力也是理所當然。貨幣的功能中，NFT 不僅含有①交易媒介；②價值標準；③價值儲藏的功能，還提供了④「身分價值」這項新的功能，而這也是 NFT 被視爲貨幣革命過程的原因。

NFT 的歷史

　　自 2017 年起，我以分析師的身分追蹤區塊鏈現象與加密貨幣市場的脈絡。雖然也能以實體經濟與傳統金融市場所使用的「持續分析」來表達。但是我覺得，在區塊鏈和加密貨幣市場的領域，以「追蹤市場脈絡」來表達似乎更爲恰當。因爲我認爲這個領域仍屬未知的世界。專案的開發、事業與生態系統的建構，以及擴張的潛力雖然明顯，但仍是進行式，更何況新的嘗試與應用都直接在已公開的資本和金融市場的領域中推進。儘管如此，近來傳統新技術部門的人工智慧、機器學習、元宇宙的轉換都在積極地進行中，因此仍值得關注。有趣的是，區塊鏈與加密貨幣在資金籌措和發行市場、資本增長和企業公開以及流

通市場的週期發展非常快速。

　　NFT 果然也一樣。雖然前面也有提過，2017 年底至 2018 年初的時候，我曾藉由 CrytoKitties 涉獵了 NFT 的初期試驗性專案。當時，我光要理解比特幣個人對個人的電子貨幣系統、以太坊的新生代智能合約，以及去中心化應用平台就已經很費力了，因此沒有機會針對 NFT 的資訊多做了解。2018 年到 2019 年，在加密貨幣的中期停滯狀態下，我集中關注於 Meta（舊稱為 Facebook）和 Diem（舊稱為 Libra）共同構思的穩定幣（Stablecoin）以及中國的 CBDC。

　　2020 年初，COVID-19 大流行橫掃整個實體經濟與金融市場，疫情的大流行也造成區塊鏈和加密貨幣市場的巨大影響。在傳統貨幣與金融市場層面來看，零利率以及購買資產的時代再度來臨，數位轉型與零接觸商機也因自發性的社交距離、外出禁令和封城的實施而快速發展。自 2020 年開始，美國與歐洲等已開發國家的人透過行動 App 投資股票和加密貨幣的情況明顯增加，風險資產迎來了迅速且有力的榮景。與此同時，讓比特幣和以太坊等加密貨幣，能更穩定並且可供長期投資之金融載具（Financial Vehicle）的出現，讓加密貨幣的投資急邃增加。而 2020 年也是去中心化金融通訊協定、軟體、DeFi 服務呈現一片榮景的時期。

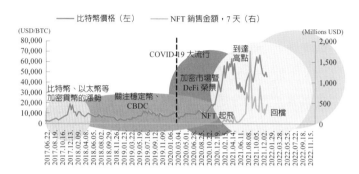

自 2017 年起，加密市場與 NFT 的曲線（資料來源：Bloomberg, Nonfungible.com）

　　2021 年 NFT 市場急速成長，NFT 市場就好像火箭般的一飛衝天，短暫地在宇宙飛行之後，又再次下降返回地球。整段過程，NFT 市場呈現出超漲超跌循環（Boom & Bust Cycle）的現象。如果單以 NFT 成交金額爲準，2020 年 12 月開始起飛，2021 年 7、8 月到達高點；接著以 2022 年 1 月爲準時，NFT 處於快速調整市場過熱的過程。

　　其實論及 NFT 的歷史，需回溯到比我記憶中的 2017 年還要更早的時間點。2009 年至 2012 年比特幣和萊特幣等，在貨幣領域中雖然不具擔保價值或內在價值，但是卻也發現了不需經由中央管理機關的交易可能性。此後，區塊鏈領域的技術多元分化並開始進行各種嘗試，資產註冊技術（Asset Registry）就是始於 2013 年，而此時正是 NFT 的孕育期。

　　資產註冊技術應用區塊鏈技術實現數位資產註冊。藉由區塊鏈上小小的交易紀錄，留下資產（股票、汽車、建築物、土地、網域等）存在的證明，這樣一來不需要透過中央機關（大部分是政府）轄下的管理單位進行登記，就能證明特定資產的所有權。意思也就是在公共區塊鏈（Public Blockchain，公開的、開放式分散型帳本）上的私鑰持有者就會是特定的持有者。例如，NFT 的染色幣（Colored Coin）、Counterparty 等，就是以資產註冊技術爲基礎的專案。

　　染色幣於 2013 年正式上市，它是藉由比特幣區塊鏈，將實體資產以數位型態表現的資產發行層（Layer），稱之爲開放型資產通訊協定（Open Asset Protocol）。比特幣的描述（script）語言在結構上可以讓少量的元資料輸入區塊鏈，只要藉由這個功能，像是股票、不動產登記、智慧財產等，都能以不可變（immutable）與無法僞造（non-counterfeitable）的代幣[8]型態呈現。

8　白宗燦，何謂染色幣（Colored Coin）？，https://brunch.co.kr/@jeffpaik/13。

	2009	~2012	2013	2014	2015	2016	2017~
加密化通貨 技術	Bitcoin	Peercoin Litecoin	Dogecoin Dark (Dash) coin				
資產註冊 技術			Mastercoin	Counterparty Coloredcoin			
以資產為 中心的技術		Namecoin	Ripplecoin	Stellar coin		R3 Corda	HYPERledger
平台 技術			Next	Codius	Ethereum	Factom Eris	Interledger
DApp 技術 / DAO						Augur The DAO	

自 2009 年起，區塊鏈技術發展的分化：NFT 孕育期的資產註冊技術（資料來源：〈分散式帳本技術的現況與主要議題〉，韓國銀行，2016 年 12 月）

　　應用比特幣區塊鏈的個人金融平台 Counterparty 專案在 2014 年上市。當時就已經嘗試將我們現在常見的遊戲裡的角色與裝備，稀少又具獨創性的迷因卡片（Meme Card）製成代幣化的 NFT，而此時也是數位藝術等數位圖像首次製成代幣化 NFT。

　　2017 年至 2018 年間，因以太坊的龐大影響力使區塊鏈急速成長，帶動了加密貨幣的榮景，而非常多的 NFT 專案也在這個時期正式展開。當時以太坊兩個最具代表性的智能合約標準雙雙升級，因此剛好可以應用：一個是追蹤同質化代幣生成與傳送的 ERC-20（準確的時間為 2015 年 11 月 19 日提案後開發），另一個是追蹤非同質化代幣生成與傳送的 ERC-721（準確的時間為 2018 年 1 月 24

日提案後才開發）。簡單來說，在以太坊區塊鏈上，只要透過以太幣就能發行和流通 FT（Fungible Token，同質化代幣）與 NFT（Non-Fungible Token，非同質化代幣）。而 CryptoKitties 與 Decentraland 也是始於此時。

　　而至今仍是 NFT 市場中售價最高，也是成交比重最高的 Cryptopunks 就是在 2017 年正式亮相。就算只持有一件 Cryptopunks 的虛擬角色，現在至少都已經是百萬富翁了。不過有趣的是 2017 年上市的 1 萬件中，有9,000 件是作為空投（Air Drop）之用，只要在當時有使用以太坊錢包的使用者，都有機會獲得 Cryptopunks。據說當時發行的9,000 件 Cryptopunks NFT 中，只有幾件有人申請。然而就在幾個

空投（Air Drop）

從空中掉落的意思。提供原先就持有加密貨幣的持有人加密貨幣或代幣的獎勵行為就稱為空投。

星期後，美國一位資訊科技領域的專家在「Mashable」上表示「Cryptopunks 將改變我們對數位藝術的想法」，不久後 Cryptopunks 的網站出現大量的瀏覽人次，在不到 24小時的時間裡，剩下的 Cryptopunks 所有權申請就都結束了。據說不久之後在流通市場上，這些 NFT 就開始以數百、數千美金的價格轉售。2021 年 8 月初，僅一週的時間，Cryptopunks 的成交金額已經超過 2 億美金（約新台

幣 56 億元），因此過去的數百、數千美金是非常低的價格。[9]

相較之下，在 2018 年至 2019 年間，整體的加密貨幣市場雖然處於停滯期，不過卻是 NFT 的急速成長期。我覺得可以比喻為鴨子划水，表面上雖然很平靜，實際上鴨蹼在水面下拼命踢水的那種情況。這個時期 CryptoKitties 的開發商 Axiom Zen 分拆公司；新成立的 Dapper Labs 接受 Andreessen Horowitz、Union Square Ventures 與 Google Ventures 等創投公司的投資，準備在 NFT 市場上大展身手。如同區塊鏈加密市場已經應用了 Layer2 系統一樣，NFT 也展開了 Layer2 的專案，試圖提升可擴充性。就在此時，全世界的藝人們也開始關注 NFT 的市場。

從 2020 年開始一直到現在，如各位所見，NFT 已成功地在市場上占有一席之地。而 NFT 之所以引起一般民眾關注的原因在於，數位藝術領域中持續累積名望的 Beeple 將自己的作品以 NFT 發行，並上傳至交易平台競標拍賣。而 Beeple 獲得了一筆他一輩子從事創作也賺不到的財富。我雖然不是藝術品市場的專家，不過我曾聽說過，只要是大師之作，作品的價值就會在藝術家離世之後

9　성소라・롤프회퍼・스콧맥러플린（2021），《NFT 레볼루션》，〈NFT 의역사〉，pp. 55-56，더퀘스트。譯註：本書已有中文繁體版：《NFT 大未來》，高寶出版。

增加，原因在於，藝術家離世後，作品就顯得更稀有。大部分的藝術家在世時經濟困窘，倘若他們的作品，在他們離世後能獲得世人的認同，那留下來的家人就能過著寬裕一點的生活。然而 NFT 開啓了一個新的時代，讓藝術家能在當代就獲得財富給予的激勵，讓他們得以在更好的環境中持續創作。

如我們不久前所見，2021 年 NFT 的發行以非常快的速度傳播開來，NFT 投資者也因此急速增加。隨著 2021 年 7 月和 8 月過去，以藝術、收藏品、音樂、遊戲、數位不動產等大範圍的應用爲基礎，NFT 的發行與交易更加熱絡。eBay、LVMH、卡地亞（Cartier）、Prada、Taco Bell、必勝客（Pizza Hut）等，也都展開了各自的 NFT 專案。深具傳統的藝術拍賣公司佳士得（Christie's）與蘇富比（Sotheby's）也持續將各種不同的作品帶入 NFT 的拍賣市場，藝術品交易市場的領域正在發生改變，並不斷地向外擴張。

在韓國也有眾多的企業與一般大眾對 NFT 抱持關注，因此親自體驗發行 NFT 與投資 NFT 的情況也在增加當中。李世乭與 AlphaGo 的圍棋大戰中，只有一局是由人類獲勝，而這一局的紀錄也被發行爲 NFT，這件 NFT 以 60 以太幣（當時約爲 2 億 5,020 萬韓幣，約新台幣 641 萬元）拍賣成交。韓國的代表性區塊鏈專案，以 Klaytn

為基礎之 Doge Sound Club 也已經展開，總共有 1 萬件
的 NFT 虛擬角色系列作品。另外在 Meta 上 Doge Sound
Club 的虛擬角色看起來也別具一格。韓國傳統藝術拍賣
公司 SeoulAuctionBlue 也將 Jang Koal 的作品〈Mirage cat
3〉上傳 UPbit 進行 NFT 的競標拍賣，最後也以韓幣 2 億
5,000 萬成交。

呈現爆發性成長的 NFT 市場

Nonfungible.com 提供了在以太坊區塊鏈上發行與
交易的 NFT 相關資料。截至 2022 年 1 月，NFT 的交
易個數為 2,792 萬 6,080 個（發行 14,741,599 個，流通
13,184,481 個），交易金額為 162 億 7,703 萬 550.11 美
金（平均每件的價格為 582.86 美金，約新台幣 1 萬 6,000
元）。持有以太坊區塊鏈發行之 NFT 的錢包個數為 225
萬 7,621 個。

不出我們所料，NFT 市場最熱絡（有些人稱之為市
場過熱，有些人稱之為市場泡沫）的時期就在 2021 年第
二季到第三季，NFT 的發行、流通、新申請且有在進行
買賣的錢包、平均價格在急遽增加之後，目前則呈現縮減
的跡象。根據以太坊區塊鏈追蹤 NFT 市場的結果顯示，

NFT 市場受到整體加密貨幣與以太幣行情的影響；也就是加密貨幣與以太幣行情好的時候，NFT 的交易就會熱絡，但反之則不然。

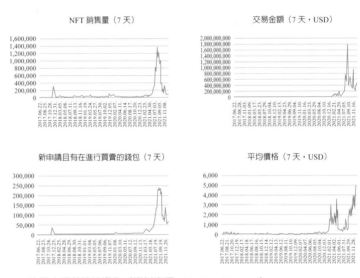

NFT 市場主要數據的變化（資料來源：Nonfungible.com）

不過 NFT 的平均價格（7 天）接近 5,000 美金（約新台幣 14 萬元），明顯超越了 2021 年第二季到第三季的最高紀錄。這也顯示了，儘管目前加密貨幣與以太幣的行情處於熊市，人們對於 NFT 的付款意向與支付金額仍不停地在增加。

2021 年第三季 NFT 市場呈現爆發性的成長。2021 年第三季 NFT 的成交金額為 59 億美元（約新台幣 1,650

		Q Y-1 Q3 2020	Q-1 Q2 2021	Q Q3 2021
有在進行買賣 的錢包	2021 年第三季對 比 2020 年同期以 及同年第二季	+540% 64,507	+103% 203,719	412,578
買方	2021 年第三季對 比 2020 年同期以 及同年第二季	+1,240% 19,445	+167% 97,658	260,489
賣方	2021 年第三季對 比 2020 年同期以 及同年第二季	+1,277% 8,923	+207% 40,056	122,910
USD 成交量	2021 年第三季對 比 2020 年同期以 及同年第二季	+26.719% $ 22,056,820	+656% $ 782,344,685	$ 5,915,337,378

2021 年第三季 NFT 市場主要指標之成長趨勢（資料來源：NonFundible.com[10]）

億元），約爲前一季的 7.6 倍，也比前年同一季增加了 268.2 倍；2021 年第三季實際交易 NFT 的錢包個數爲 41 萬 2,578 個，約爲前一季的 2 倍，也比前年同一季增加了 6.4 倍。儘管交易 NFT 的買家和賣家的錢包個數同時增加，

---

10 有在進行買賣的錢包：與 NFT 智能合約有互動的錢包數量，有可能會出現同一人擁有多個錢包的情形。有在進行買賣的錢包不只計算了買方和賣方的，也包含了不少使用 NFT 玩遊戲，或是與專案互動的使用者。雖然錢包數量有可能比實際 NFT 使用者／持有人還多，但這樣的趨勢仍十分重要。買方是計算了當年度購買一個以上的 NFT 之錢包數量。賣方是計算當年度販售一次以上的 NFT 之錢包數量。USD 成交量：NFT 的總成交量，此數據已包含了全部的交易金額，含遊戲內的交易金額。

買家的錢包個數增加的速度還是比賣家快，這也表示轉換為購買 NFT 的人比新加入 NFT 市場的人還要多。[11] 這也意謂著 NFT 作為交易、流通與投資市場而言，表現相當活躍。

2021 年第三季 NFT 的交易中，成交比重最高的領域就是收藏品，占據了 76%。由於加密貨幣持有人和具有社群影響力的人對於個人的 PFP（Profile Picture）市場需求增加，Cryptopunks 與 Bored Ape Yacht Club（以太坊區塊鏈獨有的數位收藏品專案）[12] 的價值也不停上漲。除了收藏品之外，其他領域類別的成交比重依序為藝術品 9%、遊戲 7%、功能型 4%、元宇宙 2%、運動 1%。

2021 年第三季，NFT 市場在熱絡的加密貨幣市場帶領之下，NFT 的發行、流通、成交金額、新申請且有在進行買賣的錢包，全都呈現爆發性的成長。然而，依然高度集中於收藏品領域的情況被視為市場的極限，儘管這是其中一個原因，但還有另一個原因在於收藏品市場在購買力和交易上，呈現出對加密貨幣市場的依賴。2021 年第四季到 2022 年第一季，隨著加密貨幣市場調整與熊市的到來，NFT 市場也呈現急遽萎縮的情況。

---

11 NON-FUNGIBLE TOKENS QUARTERLY REPORT Q3-2021.

12 NonFungible.com, Bored Ape Yacht Club, https://www.nonfungible.com/market/history/boredapeclub.

　　儘管如此，NFT 參與者的生態系統還是比既有的加密貨幣市場大非常多。在 NFT 出現之前的區塊鏈與加密貨幣市場之參與者的主要對象為開發者、企業家、金融中心的投資者，他們主要關注的領域是技術與商業、專業投資（加密市場的投資領域在交易和參與的門檻雖低，但在投資領域上，反而被視為比傳統的股票、債券還要更專業）；而 NFT 則是明顯將領域擴展至對於收藏品、藝術品、遊戲，甚至是對社群以及元宇宙感興趣的對象。未來，若 NFT 的生態系統逐漸加深加廣，就有機會能一直持續發展下去。

與傳統投資大相逕庭的 NFT，該如何接觸？

投資未知世界

現在就讓我們來了解有關投資 NFT 的這件事。不過在此之前，我們應該先定義「何謂投資」。大致上投資的意思是「爲了獲取特定的利潤，而投入時間或是資本」。又或者，因期待未來可獲得的利益，而將錢（偶爾是時間或努力）進行配置的行爲。

以個人來說，是投入錢、努力、時間；以企業或國家來說，是投入錢、勞動、資本、技術等生產要素以獲得資產。如果相較於未來能產生的收益，我們能以更低的價格買進資產，那麼隨著價值的增加，就能以上漲後的價格賣出，藉此創造收益。所謂成功的投資是指，我能透過投入資本獲取收益，或是因投入的資本而帶來資產的增加。這也代表我們需要預測可能性，我們將某個東西投入一個未知的世界，並且在未來有可能無法回收的這件事就是投資。

投資，最基本的目標為：①回收本金；②額外收益。在此很重要的一點是對於時間的概念，因為緊接著登場的概念就是③存續期間[●]。簡單來說，所謂的存續期間指的就是回收我投入的資金所需的期間。如果我投入的資金

存續期間 Duration

債券產生的現金金流按照各自產生的期間加權，除以債券的現值總額，這就稱為投資債券之本金的平均回收期間。債券市場的到期殖利率越高，則存續期間越短。

在經過一年後回收，錢也還有多出來的情況，這樣存續期間就是一年的意思。一般而言，當投資的本金翻倍時，投資人會傾向收回本金。如果在短時間內，我所投資的資產價值變成兩倍的話，應該足以視為是令人滿足的投資了吧？若價格快速上升，當然投資報酬率也高，不過通常這種時候風險也跟著增加，尤其金融投資市場的本質更是如此。因為人們投機的心態會反映在交易價格上，也因此投資才會同時存在著基本面與情感面。為了達成投資的基本目標，資產運作才需要應用期望報酬率、風險、不確定性以及投資組合的基本概念。

畢竟投資這個行為，就是投資人將購買的資產設定一個短期和長期績效的存續期間，設定並調整期望報酬率與風險，分配與調整一個得以控制不確定性的投資組合的行為。一個好的投資是盡所有的可能將存續期間縮短，提高期望報酬率與降低風險，並且規劃一個我們有能力可以應

付不確定性的投資組合。這是亙古不變的投資原則，這些投資特點不僅適用於傳統資產和加密貨幣，同樣也適用於投資 NFT。

發行市場與流通市場的重要性

不論是企業投資人還是金融投資人，也不論是傳統資產還是加密貨幣，為了成功的投資，必須要了解發行市場與流通市場的意義。

所謂的發行市場是指企業或是政府等經濟主體以募集資金為目的，發行證券供一般投資人買賣的金融市場。截取了新發行的證券之意，因此又稱為初級市場。

流通市場是指已發行的有價證券在投資人之間進行買賣、交易和移轉之市場，因此又稱為二級市場。流通市場為了提升在發行市場發行之有價證券的市場性與流動性，提供了隨時都能以合理價格將有價證券變現的機會。

個人、企業與政府等經濟主體在發行市場募集資金的同時，也是在募集投資人。購買經濟主體所發行之證券的投資人，就會成為股東或是債權人等利害關係人，企業、民間或公共計畫就利用募集的資金進行發展與擴張，創造出價值、收益與利潤。

　　股票與債券等有價證券在市場上交易與流通。一項專案或是一家企業發展得越好，有價證券的價值就越高，而價格就會反映在流通市場上。在發行市場上購買證券的早期投資人，就能在流通市場以更高的價格轉售獲取收益。但是相反的，如果一項專案或一家企業的發展未見成果，或甚至是有倒退的情形時，證券價值就會下跌，早期投資人將蒙受損失。價值評估與投資人之間的轉手就是流通市場的核心功能。而創業者、企業家以及早期投資人所持有的資產與新的經營者、相關企業及後期加入的投資人等，各式各樣的利害關係人彼此之間互相交易證券的過程，讓資金市場得以循環。一項專案或一家企業為了增加人力、設備以及技術投資而須募集額外資金時，抑或是需要計算銷貨利潤率、配股、配息以及租賃所得時，甚至是一家企業或一項專案的經營者或股權結構發生變化時，全部都會需要價值評估，而流通市場就提供了這樣的功能。

　　經營專案計畫，免不了會需要用到錢。最重要的是，在適當的時間與地點，為好的專案計畫供給資金。同時，一項專案的成果越豐碩，能回饋給投資人的就越多，這樣也有利於經濟與金融生態系統的持續發展。發行市場與流通市場各自維持著募集資金與價值評估的核心功能，彼此的關係越緊密，資本市場與金融市場就越有效率，也能更具包容性，而持續發展的可能也會因此增加。只要選

擇具備這些條件的投資市場，投資成果就能有顯著的增長。

　　最具代表性的例子就是美國的股票市場。美國的股票發行市場充滿了企業家精神，有效地在早期將募集的資金提供給具有潛力，並且能創造未來價值之新創公司。有能力的創業者會爲了在美國的股票發行市場募集資金，而選擇在美國設立法人機構。美國這個國家不僅有利於創業和企業的成長，亦有利於金融與資金的募集。此外，不是只有過去和現在成績亮眼的公司才能在美國的股票流通市場公開上市交易，就連未來的實際價值與預估價值高的企業也能公開上市交易。

　　尤其近來①不單只是財務績效佳，有望創造普惠經濟與可持續創造價值的企業（如：Airbnb、Uber 等）；②藉由收益分配強化資本募集的功能，負有重大使命之企業（如：特斯拉）；③相較於既有企業，選擇建立新生態系統的企業（如：Coinbase、Robinhood），這些企業在美國股票市場上公開上市，獲得極佳的價值評估，成功募集資金，實際上也正創造出高價值的成果。資本市場的力量作爲強而有力的背景，使美國股票市場能長期維持卓越的上升趨勢。

加密貨幣與 NFT 的發行及流通市場

　　發行市場與流通市場是藉由創業者、企業家與投資者之間的緊密互動，創造出價值與成果並形成生態系統。這個過程也同樣顯現在區塊鏈、加密貨幣以及 NFT 的環境。區塊鏈與加密開發者只要以電腦程式編碼後，就能發行加密貨幣或代幣。透過挖礦（mining）或是首次代幣發行（Initial Coin Offering, ICO，為發行加密貨幣或代幣而進行的募資活動）募集資金，待資金募集完成後，根據開發或是事業的進展，在流通市場上公開其加密貨幣或代幣。流通市場上交易的價格，可以視為反映每個價值評估後的結果，並且這也將影響額外的加密貨幣或代幣的發行、銷毀、獎勵與分配等。大概從 2020 年開始，DeFi 生態系統上穩定幣（Stablecoin）、存款與放貸、去中心化交易以及衍生性商品的投資等，多元領域的金融市場越趨活躍。這也代表著區塊鏈與加密貨幣市場的發行市場與流通市場間，緊密互動的資金市場越趨成熟。藉由企業與開發、參與和經驗，以及投資者之間創造出的價值，一個得以持續產生價值、持續交易的金融市場正逐漸成形。

　　其實，NFT 的發行市場與流通市場的領域範圍廣大。發行人的領域從創業者、企業家、開發者，一直到收藏家、藝術家、遊戲裝備持有者，如果再更進一步的話，

甚至可能擴展到一般人了。在發行市場與流通市場上，投資人的領域也正持續擴張。儘管不具專業的開發能力，或者並非專業的金融投資人，只要在特定領域有一定的造詣，就算是一般人也都有機會成爲優秀的投資人。只要安裝同時擁有公鑰（public key）與私鑰的 NFT 錢包，就算沒有初期資金，也還是可以投資。如同早期 Cryptopunks 的做法，只要申請就有機會能獲得免費的 NFT；如果 NFT 發行人希望爲自己發行的 NFT 做宣傳，我們就有機會可以獲得空投（這種型態不只適用於 NFT，也適用於加密市場）。儘管 NFT 不像股票和債券那樣追求財務績效；也不像加密貨幣那樣追求網路效應，然而獨特的 NFT 卻是唯一能引起共鳴、追求價值並且可供投資的標的物。

附錄：NFT 是第四次加密波動

　　我以一個分析傳統經濟與金融市場，以及分析區塊鏈經濟和加密金融市場分析師的觀點來看，自比特幣在 2008 年 10 月上市一直到 2022 年 1 月之間，區塊鏈與加密市場已經發生四次巨大的波動。

　　第一次的加密波動爲比特幣網路與金融。比特幣透過區塊鏈與加密化的網路哲學與技術，提供維護資訊安全與協議的功能，藉由共享並對照所有交易者的交易帳簿，讓

交易得以安全進行。而在募集資金與分配的層面上，具有
證明挖礦的工作量證明（Proof of Work, PoW）協議演算
法已在運作並發揮功能。

　　第二次的加密波動為以太坊網路與金融。以太坊作為
可以提供安裝所有型態的合約以及分散應用程式的開放式
平台，致力於去中心化區塊鏈與加密化網路哲學和技術。
在募集資金與分配上，ICO 與負責運算挖礦所投入之資源
和工作量、持分與協議的權益證明（Proof of Stake, PoS）
協議演算法已在運作並發揮功能。

　　第三次的加密波動為 DeFi。DeFi 是以區塊鏈與加密
資產為基礎所建構而成的金融軟體，也就是致力於提供去
中心化金融服務。到目前為止，穩定幣、存款與放款、去
中心化交易所、衍生性商品之交易等，去中心化金融生態
系統正在嘗試建構。

　　第四次的加密波動為 NFT。NFT 是具有貨幣性質的
代幣，也是被賦予身分、稀少性與獨特性的有形與無形資
產。NFT 作為具備獨特性質、稀少性與身分的數位代幣，
藉由收藏品、藝術品、遊戲裝備之產生與交易等，創造嶄
新價值之生態系統；而 NFT 作為資金募集與分配方式，
正在展現它的潛力。

投資 NFT 的定量與定性分析

投資 NFT 的說法，或許不太正確。由於投資 NFT 重視的不是成果，而是個別經驗、擁有的效用與共鳴。儘管如此，還是有很多參與發行市場和投資市場的投資人將 NFT 視為投資標的物，這一點也是不爭的事實。

所有的評估與投資都取決於定性與定量分析。目前 Nonfungible.com 提供以以太坊為基礎的 NFT 數據資料庫，提出了 NFT 專案的定量基準以作為評估之用，分別是：①交易量（Trade Volume，在一定的期間內成立的交易件數與規模）；②互動（Interactions，複數的參與者之間彼此影響的程度）；③維持力（Retention，新交易的持續性與頻繁度）；④社群（Community，與專案相關的 SNS 及媒體曝光度）；⑤資產價值（Asset Value，NFT 的現值總額之合計）。在 Nonfungible.com 的網站上，分別就上述五個基準為 NFT 專案提供整體（All）與各類別（Collectible, Metaverse, Game, Art, Utility, DeFi）的分數。

以 2022 年 1 月的 7 天交易量為基準，位居第一的 Bored Ape Yacht Club（BAYC）在交易量、互動、社群、資產價值都呈現最高分數，不過維持力卻在整體與收藏品類別中，僅取得了比平均值還要低的分數。

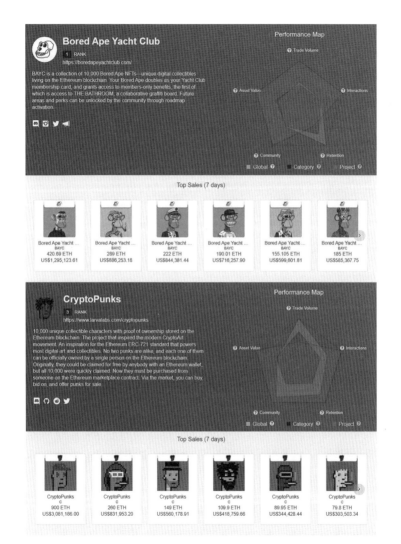

2022 年 1 月為基準，交易量第一名的「Bored Ape Yacht Club」與第三名的
「Cryptopunks」（資料來源：Nonfungible.com）

　　而位居第三的 Cryptopunks 在互動、維持力、社群與資產價值，都呈現最高分數，但交易量的部分在整體與收藏品類別中，僅取得了比平均值還要低的分數。如果各位對某些 NFT 專案有興趣，也可以藉由瀏覽 Nonfungible. com 的網站，了解一下自己有興趣的 NFT 專案目前的定量分析。然而，就目前的定量分析而言，在未來會再往上、持平或是下滑的相關評估基準仍有待訂定。

　　所有的評估與投資都一樣，定性分析比定量分析更為重要。我們不得不承認，相較於傳統資產或是加密貨幣的定性分析，為 NFT 提供一致性的分析基準有其困難。

　　到目前為止，很多時候投資都是將焦點放在「藉由數字化與客觀化某個投資標的物的價值，以掌握能在多短的時間內回收本金」、「這項投資能產生多高的價值與價格」以及「能否期待會有額外的財務收益與數量的增加」。但是 NFT 的情況非常不一樣，舉例來說，「NFT 的創作者、前持有人，以及後持有人如何以 NFT 的身分作為媒介引起共鳴」等，我認為未來還需要訂定具創意性的基準作為定性研究之用。

　　不過，我對於 NFT 有如下的判斷與期待。在創作者成名以前，發行 NFT 就有點類似接受投資人的贊助。當創作者成名，而作品價格也一起水漲船高時，NFT 投資人所持有的作品價值當然也隨之增加。創作者獲得了無法

意料的財富後，在自己的作品處於最高價時買回，以財富回報投資人。當然，前提是 NFT 投資人也希望這麼做的話，那才有可能。因為我覺得一位偉大的創作者對於自己成名前的作品，應該會有很深的情感。NFT 是以區塊鏈、加密化與代幣化的技術，證明不可取代的存在與所有權，我認為這也將成為偉大的創作者，尋回自己成名前作品的機會。於此同時，NFT 投資人贊助偉大的創作者，讓作品能出現在眾人眼前，未來還有機會能在擁有作品和收回投資資金之間做選擇。如果以這種角度來看待投資 NFT 這件事，這應該是一項趣味十足的價值投資吧？

PART 3

創作 NFT 的是誰，
收藏 NFT 的又是誰：

為數位技術添上藝術性的 NFT 創作者
以及 NFT 社群經濟的出現

我坤　Ludium Community 引領者

於美國聖約翰大學（Saint John's College）就學期間主修不分系學系。
曾任區塊鏈共同生活暨共同工作（Coliving Coworking）社群「Nonce」
的初期創辦人。後來為了加密入職者（Crypto On-boarder）創辦了
「Ludium」社群。身為 Ludium 引領者的同時，也為 NFT 創作者與收藏
家組織了一個名為「Gem Study」的社群計畫。

錢湧進 NFT 的
真正原因

1 像素要價 16 億韓幣？

　　像素是作為數位圖像中計算空間的單位。1 像素的長度和寬度為 0.26 公厘（mm）。由於一般人指甲的大小約為 2 至 3 公厘，所以 1 像素的大小約為我們指甲的十分之一。2021 年 4 月，蘇富比所舉辦的「The Fungible Collection」競標拍賣會上，有一件大小為 1 像素的作品〈The Pixel〉以 135 萬美金，相當於 16 億韓幣（約新台幣 3,874 萬元）的價格售出。

蘇富比拍賣會上競標的數位藝術
家（Pak）的作品〈The Pixel〉
（資料來源：蘇富比）

　　儘管蘇富比在傳統藝術品拍賣市場具有崇高的威望，但是說真的，1 像素的數位檔案竟然要價 16 億韓幣，真的令人難以理解。就算貼上 NFT 這個近來最為熱門的形容詞，也還是令人難以理解。究竟這些數位作品的價值是從何而來的呢？為什麼只要提及 NFT，就會有人捧著天文數字般的鈔票，去買一個這麼一小張的圖片檔（JPEG）呢？

到底是誰在買這種東西？

NFT 的開拓者，加密元老

　　從少數群體開始，透過這些被稱為先驅者的早期採用者將一項文化變成一種流行，這就是文化傳播的特徵。在現代社會中，文化傳播最為顯著的例子就是區塊鏈與比特幣了。比特幣出現於 2008 年，一直到 2013 年以前都還只有少數的開發者在使用，而且這些開發者將比特幣當作他們之間的一種玩笑。直到 2017 年，早期投入者仍不停地進行試驗；2017 年底，一般民眾也開始關注比特幣，時至今日幾乎所有的人都知道比特幣了。

2021 年 12 月 10 日以 2,500 以太幣（約為 118 億韓幣，新台幣 2.8 億元）賣出的 Punk#4156（資料來源：Cryptopunks）

　　而 NFT 的傳播模式與比特幣相當類似。其實，早在比特幣發行初期就曾討論過，不以加密貨幣的型態而是以數位資產型態來發行，並且自 2012 年起就曾試驗過。然而，礙於技術層面的限制而無法實現。2015 年，就在以太坊誕生之後，於首次舉辦的倫敦 Devcon 大會上，以以太坊為基礎的虛擬世界 Etheria（https://etheria.world）正式推出，但是 Etheria 並未有實質的運用。直到 2017 年 6 月，Cryptopunks 首次上市的時候，大家關注的焦點仍然不是 NFT 而是加密貨幣以及交易所的建構。儘管如此，對於第一次透過 Cryptopunks 接觸 NFT 的人

Cryptopunks

以以太坊為基礎的 NFT 專案，2017 年由 Larva Labs 製作而成；被譽為復甦 NFT 市場的始祖。Larva Labs 的創業成員們持有之稀有 Cryptopunks 也曾以非常高的價格被交易。

來說，都希望盡可能運用這個深具實驗性質的新專案，就像當初的比特幣和以太幣一樣。因此，將 Cryptopunks 設定爲推特（Twitter）大頭貼的人也越來越多。甚至也有人乾脆隱藏自己的姓名與眞實世界中的身分，以「Cryptopunks」的身分在網路上活動。例如，Punk#4156 就是以 NFT 爲基礎，運作資金的組織 NounsDAO 的創始人。在他購買了 Cryptopunks 之後，他就將自己的身分設定爲 Punk#4156，並且以此代替自己的眞實姓名，在網路上活動至今。如果是早期投入 NFT 的人，通常對於區塊鏈所追求的去中心化之政治和意識型態的重要性，給予極高的評價。最近製作 Cryptopunks 的 Larva Labs 針對 Cryptopunks 的著作權展現出非常封閉的立場，因而引起話題。Punk#4156 對此感到失望，因此將自己長年當作網路身分使用之 Cryptopunks4156 的所有權，以 118 億韓幣（約新台幣 2.8 億元）的價格轉售。即便如此，大家還是習慣將他的推特稱爲「Punk#4156」。而人們將這些人稱爲加密元老（Crypto OG）。

元老們的特色如下。

①在區塊鏈業界從業已久。
②對於區塊鏈所抱持的去中心化意識型態，給予非常高的評價。

③極有可能正在經營具有影響力的加密貨幣，或經營與
　NFT 相關的專案。

④早期就已開始儲存加密貨幣，並且願意爲了試驗去中心
　化而投入資金。

　2014 年 8 月以太幣最初的價格是 0.31 美金（約 360
韓幣，相當於新台幣 9.3 元）。當時對於元老們而言，只
要在社群上寫幾次文章就能輕鬆取得 1 以太幣，但是在目
前的市場上，1 以太幣爲 500 萬韓幣（約新台幣 12.6 萬
元）。儘管對於現在的我們而言，1 以太幣比我們一個月
的薪水還要多，但是在元老的立場而言，只要符合他們的
信念，這筆錢他們都很樂於支付。

我要不要也買買看？名流收藏家的出現

　隨著 NFT 市場的成長，也有越來越多人將 NFT 視爲
數位資產的一種而展開投資。這些被分類爲收藏家（蒐
集家）的群體，透過購買與展示 NFT，進入加密資產的
世界，並凸顯自己所追求的世界觀。令人驚訝的是，收藏
家的群體中也不乏現實世界中的名流與成功的事業家。此
外，也有一開始是收藏家，但是在現實世界中發揮特長，
再加上運用收藏品來推出大眾化的商品或服務。

以 NFT 收藏家的身分展開第二個人生的饒舌歌手史努比狗狗

　　名流收藏家中，最知名的應該就是史努比狗狗
（Snoop Dogg）了。史努比狗狗自 1990 年代初期一直到
現在，不停地進行音樂活動，在嘻哈界被視為傳奇般的人
物。2021 年 9 月，史努比狗狗在自己的推特公開透露，
自己就是 NFT 收藏家「Cozomo de' Medici」。Cozomo
de' Medici 不僅收藏了 8 個 Cryptopunks，還收藏了其他
無數的作品，目前作品的總值已經快要高達數千萬美金。
「Medici」這個名字，應該是取自於當時在佛羅倫斯帶動
了文藝復興黃金時期的科西莫・德・麥第奇。就像麥第奇
家族藉由作品收藏與經營學校，培育了文藝復興的主角，
如米開朗基羅以及拉斐爾一般，史努比狗狗也以這個名字
來展現自己將透過 NFT 帶動藝術與文化之黃金時期的意

志。實際上，最近他也在推特公開了一項經營藝術住宅的
計畫，目的在於培育 NFT 藝術家。

　　除了藝文圈的名人之外，企業投資人也正著眼於蒐集
NFT。資產規模相當於 4.3 兆韓幣（約新台幣 0.1 兆元）
的資產家暨投資人馬克‧庫班（Marc Cuban）不僅蒐集
以太坊上的作品，他也蒐集 Polygon、Solana 等這類新興
NFT 生態系統的作品。他運用自身 VC[1] 的經歷，不僅投
資 NFT，也投資即將開啟 Web3.0 時代的企業。

　　此外，也還有另外一位英國籍的中國人，以匿名「鯨
鯊」（Whale Shark）從事加密資產的蒐集。以 2021 年
12 月 2 日為準，他所蒐集的 NFT 作品超過 40 萬件，並
且他以自己蒐集的作品，經營一個名為鯨魚社群（Whale
Shark Community）的社群代幣（Social Token）[2]。在他以
NFT 收藏家的身分成名之前，鯨魚社群就已成功轉手賣
掉三間公司，而目前他也還在持續經營包含鯨魚社群的另
外三間公司。

1　譯注：Venture Capital，中文為創業投資，亦稱風險投資。
2　譯注：社群代幣被視為是加密產業的下一個境界，將個人、品牌與社
　　群的影響力抑或是將提供的服務代幣化。換句話說，社群代幣是透過
　　個人、品牌或社群的影響力，抑或是個人、品牌或社群提供的服務來
　　維持的一種代幣。

名流收藏家的特徵如下。

①在現實世界中是個成功人士。

②運用數位世界的匿名性，以新的身分在數位世界生活。

③在既有的區塊鏈理念之外，對於普及性與可用性感興趣。

④就像在運作現實世界的資產一般，建構有價值的數位資
　產投資組合。

⑤以自身的收藏品執行額外的專案。

名流收藏家不僅會在現實生活將自己的資產做最大
化的運用，在數位世界裡也會建構自己的新身分。同時，
將自己的收藏品視為一種投資組合，透過結合代幣化與服
務，推出自己的加密專案。

更多的個人參與正逐漸增加

要說現在的 NFT 已經擴及到一般大眾還有點勉強。
以小規模參與知名 NFT 專案的收藏家當然也存在，但是
不對稱的資訊結構與急遽上升的 NFT 資產價格，導致小
規模收藏家的立足之地逐漸縮小。因此，小規模的收藏家
比起擬定自己的投資基準，大部分都是跟著鯨魚（元老或
是名流）收藏家在購買 NFT。就好像股票市場上散戶投

資客看外資或政府機關在買，就跟著買的意思一樣。只要知道錢包地址，就能看見所有的交易資訊，完完全全運用了區塊鏈的特性，透過這個方法，掌握鯨魚們的動向，看他們去哪，自己就跟著去哪。

Visa Card 以 15 萬美金（約新台幣 435 萬元）所購買的 Punk#7610（資料來源：Cryptopunks）

NFT 資產相關平台，NFT 銀行

在這個過程中也會運用數據資料平台。NFT 銀行是一個資產管理平台，讓使用者能曉得自己所持有之 NFT 的價值。只要運用這個平台上的資訊，其他人也能看到鯨魚們持有的資產投資組合。有些小規模的投資人會透過 Telegram 或 Discord Channel[3] 互相分享最新的 NFT 挖礦機會與市場動向等相關資訊，藉此尋找新的投資目標。

有些人則是以購買尚未被征服之新鏈上（如 Solana、Binance）的 NFT，作為一種投資策略。在韓國最顯著的例子就是 Klaytn。無法在以太坊投資的韓國小規模收藏家，在 Klaytn 上能以相對便宜的價格購買 NFT，因此 Klaytn 目前作為販售 NFT 的平台，人氣也扶搖直上。然而，若考量到 Klaytn 鏈的社群侷限於韓國國內時，市場也就存在著明顯的侷限性。

不過也有透過 NFT 募集代幣，以朝向大眾市場擴張為目的的專案。最具代表性的例子就是 PleasrDAO。雖然在加密與 NFT 上 PleasrDAO 具有象徵性，不過對於個人單獨購買會有困難的作品，則以代幣的型態透過共同購買的方式引導大眾參與。因為金額過高而無法獨自購買的 NFT，就可以藉由 DAO 的組織集資來購買，再透過募集的資金發行代幣，藉此提供一般大眾也能持有部分 NFT 的機會。

3　譯注：一種社交應用程式。

PleasrDAO 購買的狗狗（doge）正本相片

　　2021 年 6 月 PleasrDAO 以 1,696 以太幣（65 億韓幣，約新台幣 1.75 億元）購入了一張柴犬照，而這張柴犬照可以稱爲狗狗幣的原始圖檔。同年 9 月，他們將購買的這張正本 NFT 分割爲 10 億個狗狗幣（$DOG Token）進行販售。買進狗狗幣的這個行爲，也意謂著擁有網路上最具象徵性之迷因圖片的一部分。有一陣子狗狗幣曾上漲到 40 韓幣（約新台幣 1.8 元），不過最近的交易價格大約在 8 韓幣左右（約新台幣 0.2 元）。這個意思也就是一個以 65 億韓幣成交的 NFT，它的價值曾經上漲到 4,000 億韓幣（約新台幣 100 億元）的意思。分割販售的優點在於，讓投資人能以集資的方式，購買那些無法單獨負擔的高價 NFT。待 NFT 的投資越趨熱絡，以 NFT 爲基礎的金融服務也將逐漸活躍。隨著 NFT 資產的價值增加，以這些資

產作為擔保的貸款服務，或是分割 NFT 資產來發行代幣的情形也會越來越常見。將 NFT 結合金融以提供服務，可以增加資產的流動性，同時也能帶動一般大眾的參與。然而準確的判斷資產價值，或是金融服務中保護投資者等問題，在未來也將成為重要的議題。

NFT 在數位經濟中
扮演的角色

數位經濟的擴張

　　NFT 之所以可以擁有它的價值，並以此發展出各式
各樣的服務，是因為有一個更為龐大的市場作為它的後
盾，這個後盾我們稱之為數位經濟。所謂的數位經濟指的
是在數位世界裡運作的經濟系統，脫離了我們平常所使用
的美金、韓幣等這類的法定貨幣（Fiat Currency）。舉例

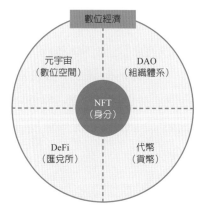

NFT 會成為未來的真正理由

而言，在 Naver 的 Smart Store 裡面購物時，是透過網路以韓幣進行交易，因此仍屬於法定貨幣的體系。這就不屬於數位經濟，最多只能算是在網路上共享資訊。

反觀，在數位經濟裡，是將比特幣、以太幣以及代幣當作貨幣使用，它們依循著數位環境中的自主法則（稱為共識演算法，Consensus Algorithm）發行貨幣，而不須經過任何一個國家機關或是銀行機構。此外藉由 DeFi 這個匯兌所保管或交換彼此的代幣，或是透過募集資金組織成 DAO 等方式，發展數位經濟。而前述的所有活動都是在元宇宙這個數位空間裡進行。元宇宙可以是一個 3D 的空間，也可以是一個對話窗。重點在於彼此互動的過程中，是否投入了數位經濟系統。

在數位經濟中，NFT 扮演的是連結身分的角色。NFT 被賦予身分的原因在於數位檔案中蘊含的獨特敘事。舉例來說，NIKE 的身分就是來自於「Just Do It」這個標語，或是來自於 NIKE 的標誌。而 NIKE 推出的鞋子就是反映了品牌形象的產品。NFT 也是運用圖像與標語、影像與音訊檔，來創作出具有身分的敘事。在數位經濟中活動的個人與組織，運用 NFT 的敘事表現出個人身分，或是自己正在進行的專案。

在數位經濟中，Axie Infinity 就是最靈活運用 NFT 的例子。Axie Infinity 是一種像寶可夢這種對戰型的遊戲，

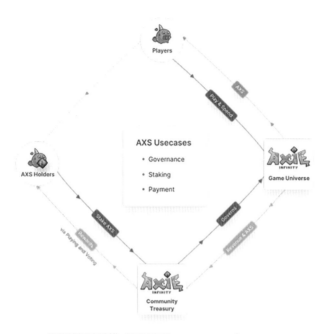

Axie Infinity 的數位經濟結構（資料來源：Axie Infinity）

為了參與（Play）遊戲，玩家需要購買 3 個以上的 Axie（角色）。每一個 Axie 都被發行為 NFT，所以玩家可以真的擁有這個 Axie。遊戲玩一玩還可以獲得 SLP 代幣，甚至能隨時兌換成以太幣。因此，邊玩遊戲邊賺錢的（Play to Earn）的遊戲結構就此誕生。

　　開發 Axie Infinity 的工作室 Sky Mavis 並非遊戲的持有者。重要事項都需要透過 Axie 社群金庫 Community Treasury 投票決定。只要使用 AXS 代幣就可以參與投票，

能行使多大的投票權就取決於代幣持有數量的多寡。因此，Axie 不停地以去中心化組織 DAO 的型態在發展。

在這個過程中，就會產生一種稱為持有人的群體。持有人可以藉由使用 Axie NFT 與 AXS 代幣，對遊戲的發展過程產生影響力。這群人可以親自參與遊戲，或是將自己的 Axie 借給其他人，藉此獲取收益，或是透過質押（Staking）AXS 代幣後，從社群金庫獲取利息。我們從 Axie 的生態系統就可以知道，在數位經濟裡，NFT 的價值是透過與其他系統架構建立組織關聯性而產生。

社群經濟系統的出現

這樣的數位經濟相較於既有的經濟系統，完全是以不同的結構在發展。在既有的經濟系統中，生產者與消費者有明確的劃分。舉例而言，NIKE 透過販售鞋子獲取收益。此時，站在 NIKE 的立場，如果可以賣越多的鞋子給越多的消費者，就能獲取更高的收益，這就是以銷售量為中心的經濟結構。

反觀數位經濟，稀有數位資產的價值，在循環的過程中會提升。舉例來說，如果創作者販售 NFT，所有權就會移轉至收藏家（如 Axie 的持有人）。之後，收藏家

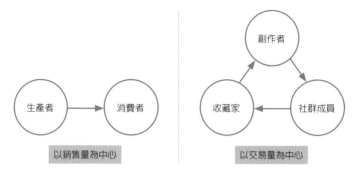

經濟結構的變化

藉由自身的活動，刺激想要進入社群之人的購買欲，讓
NFT 的價值提升，也就是交易量形成價值。這裡所說的
價值，並不完全代表價格的意思。因為並不是交易量增
加，就會產生高的價格。當然，也會有某些情況是因為市
場對於稀有 NFT 的需求量增加，因此價格跟著上漲。社
群活動越活躍交易量就會跟著增加，NFT 的整體價值也
會跟著提升。

　　所以，為了提升 NFT 的價值，也必須考慮到社群。
因為社群要有所成長，交易量才會增加，NFT 的價值才
能提升。在這個過程中，也會有 NFT 的衍生作品產生。
就像 NIKE 賣鞋子，賣著賣著又投入了流行服飾或其他行
業一樣，以一個 NFT 為基礎，也有機會可以衍生出新的
創作。

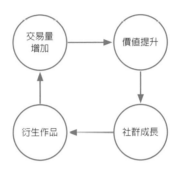

創作需要以社群為中心的理由

此時，衍生作品的創作者跟最初的創作者不一定要是同一位。以 NFT 為基礎所形成的社群反而可以透過新點子，讓第二個、第三個作品朝向更創新的結果發展。同時，更多的新作品也能吸引新的社群成員，在這個過程中社群也能跟著壯大。

RTFKT Studios 的 Cryptopunks 專案，一開始是提供鞋子給擁有 Cryptopunks NFT 的人，讓他們可以將鞋子和自己的 Cryptopunks 做搭配。這也是從人物藝術開始的 Cryptopunks 發展至時尚產業的例子。後來，還運用了 AR 技術，製作了 Cryptopunks 結合時尚的影片。這個專案讓 Cryptopunks 持有者的地位又更上一層了。

不過創作 Cryptopunks 的團隊並不是 RTFKT Studios。而是 RTFKT Studios 發現 Cryptopunks 在 NFT 市場上的地位逐漸上升，進而提出了創新的專案，藉此

RTFKT Studios 的 Cryptopunks 專案（資料來源：RTFKT Studios）

也宣傳自己。繼 Cryptopunks 專案之後，RTFKT Studios
也積極將自家製作的 AR、3D 虛擬角色運用在其他專
案中。最近以日本動畫爲原型，進行創作活動的村上隆
和 RTFKT Studios 的合作中，推出可供蒐集的 3D 虛擬
角色 NFT——CLONE X。以 2021 年 12 月爲準，該專案
在 OpenSea 上是最受歡迎的專案，也因此而受到矚目。
RTFKT Studios 藉由 Cryptopunks 專案的衍生創作，提升
了團隊的名聲，同時也推出新的專案，展現出持續發展的
樣貌。

判斷 NFT
價值的方法

　　掌握一個數量固定之 NFT 的價格與趨勢，其實比想像的還要簡單。由於區塊鏈的數據資料隨時都處於公開的狀態，只要藉由研究過往的數據就能了解價格變動的情形。不過，真正困難的是判斷 NFT 價值的這個過程。尤其，當我們還不了解數位經濟與 NFT 的涵義時，除了價格之外，我們不會曉得為什麼特定的 NFT 會有價值。

　　其實，原則上判斷 NFT 價值的方式與大多數的資產投資以及價值判斷基準並無太大的差異。重要的是，該 NFT 是由誰製作、專屬於該 NFT 的特色是什麼，以及該 NFT 可以運用在哪些地方。不過，另外還有一個非常特殊的領域，也就是擁有該 NFT 的社群主體是誰，他們之間的互動是否熱絡。

為什麼要了解團隊的成員？

　　判斷一個 NFT 的價值時，最重要的就是要了解推出該專案的團隊之能力，這一點就如同我們在判斷一項專案是否具有價值時一模一樣。想要判斷一個團隊是否有能力，可以將重點集中在以下這兩大要素。第一個是團隊成員在加密市場所擁有的影響力與能力；第二個是展現在加密市場以外的能力。

NounsDAO 所販售的 NFT，每一個角色的價格都超過 4.5 億韓幣（資料來源：NounsDAO）

　　NounsDAO 這個專案，從 2021 年 8 月開始至今，每天推出一個 NFT 角色進行販售。以 2022 年 1 月 3 日為準，該專案透過販售 162 個角色，已經募得了 16,937 以太幣（771 億韓幣，約新台幣 19 億元）的資金。這也代表每

一個角色都超過 4.5 億韓幣（約新台幣 1,150 萬元）的意思。NounsDAO 的角色之所以能高價賣出，最重要的原因在於創立 NounsDAO 的 Nounders 的名聲。

由開發者、藝術家與加密支持者等 10 個人所組成的 Nounders，是 NounsDAO 的核心人物。雖然有幾位成員有公開自己的身分，但是多數的成員仍是以 Cryptopunks 或其他 NFT 角色隱藏自己的真實身分，就像 Punk#4156 一樣。其中一位開發者多姆·霍夫曼（Dom Hofmann），同時也是提供推特短片（short-form）分享功能的 Vine App 的開發者；另外 3 位 Nounders 的成員，身為 Cryptopunks 的持有者也依然活躍於推特上。在推出 NounsDAO 之後，他們也不斷地推出新的專案。如同連續創業者在新創企業中獲得投資人的信賴一般；在加密市場中，前一項專案的資歷，以及賦予自己所擁有的資產可信度，這些都會成為判斷的基準。

有象徵意義的敘事比什麼都重要

所謂的 Narrative，代表的就是敘事。不僅使用在加密世界，當我們提及藝術或是人生的時候，也會使用到這個單字。敘事，在加密世界之所以更為重要的原因在

於，它扮演了精神支柱的角色，將分散的持有者與社群緊密連結在一起。敘事，不單單只是即將上市時的期待感（hype）與行銷時使用的文辭等這類片面的現象；一個專案的目標，以及朝向這個目標一路發展而來的軌跡就會形成 NFT 的敘事。

　　以這樣的觀點來看，Cryptopunks 的敘事非常獨特。因為，儘管它不是最早出現的 NFT，但是在 NFT 開始活躍發展之前，它是可以證明使用者網路身分，也就是最早出現的相片大頭貼（PFP）專案。再者，Cryptopunks 這個單字，是由包含了「Crypto（加密）」這個區塊鏈的核心精神，以及含有抵抗、反抗意志的「Punk（龐克）」所組合而成。1990 年代以網路技術為基礎創作的電腦叛客（cyberpunk）[4]，對於不受技術（電腦編碼）控制、無拘無

Cryptopunks 的 NFT 包含著加密元老的敘事

4　譯註：亦譯為賽博龐克；源自於加拿大科幻小說家威廉・吉布森（William Gibson）於 1984 年所著的小說《神經喚術士》（*Neuromancer*）。

束的世界展現出渴望；而 Cryptopunks 因此被詮釋爲傳承了這種精神與意志。對醉心於區塊鏈、加密以及去中心化的加密元老而言，就像一個神聖的領域一般。因此，實際上擁有 Cryptopunks，並且以 Cryptopunks 在網路上活動的人們，多數是展現了身爲實踐自由與去中心化的前線守護者之身分，並非單純以加密資產來累積財富。

　　而破壞敘事，也會帶來無法挽回的後果。舉例而言，最近 Larva Labs 針對 Cryptopunks 的著作權發表了立場，引起一陣譁然。2021 年 7 月，Larva Labs 公開表示將推出 NFT 許可證。NFT 許可證是爲了保護創作者的著作權而製作的證明文件，限制了衍生作品的創作以及商業用途的相關權利。一般情況下，這樣的限制是不會產生任何問題，然而加密追求的就是開放原始碼與自由運用的精神，因此站在加密元老的立場，其實並不樂見 Larva Labs 做出這種決定。

　　在這個過程中，Cryptophunk 專案放大了這個爭議。Cryptophunk 以 Cryptopunks 爲原型推出的專案，利用左右對稱的方法將 Cryptopunks 的臉朝向反方向後，又在圖片加上外框，這兩項專案就只有這兩處不同。在Cryptophunk 專案推出後，Larva Labs 立即向最大的 NFT 交易平台 OpenSea 提出要求，終止該項專案的公開，而 OpenSea 也同意了。目前在 OpenSea 上，已經找不到 Cryptophunk 專案。

Cryptophunk 團隊致 Larva Labs 的一封信。闡述了開放原始碼與去中心化精神的重要性（資料來源：Cryptophunk）

對於非常重視開放原始碼的人物，如 Punk#4156，Larva Labs 的行為就只會讓他們眉頭深鎖，導致他們離開社群。而一直以來都穩坐第一名的 Cryptopunks 也首次嘗到被 Bored Ape Yacht Club 窮追不捨的苦頭。

使用多先進的「技術」創作出的新作品？

以區塊鏈為基礎的 NFT 所具備的特徵就是在數位世界呈現與流通。而依據技術執行方法的不同，NFT 也會

產生不同的特徵；而不同的技術執行方法，也會讓生產方式、運用的方法以及資產安全性有所不同。舉例而言，Chromie Squiggle 是 2020 年鏈上生成藝術（Generative Art, NFT）專業策展平台 Art Blocks 的 Snowfro 所推出的專案。這裡所謂的鏈上生成藝術是指 NFT 的型態（圖片或是影像）不是透過外部檔案，而是藉由智能合約直接執行的技術。

在 Art Blocks 販售的 Chromie Squiggle#7583，以 922.5 以太幣（37 億韓幣，約新台幣 1 億元）成交（資料來源：Art Blocks）

目前大多數 NFT 資產的檔案都不是儲存在智能合約裡，而是儲存在其他地方。例如，價值超過 700 億韓幣（約新台幣 18 億元）的 Beeple 作品之正本檔案（JPG 檔）並未包含在智能合約中，智能合約裡只有標示了正本所在的連結而已。萬一在連結中的正本檔案遺失，或是發生連線問題，對於資產安全性就會是一大打擊。儘管智能合約

購買證明還在，但是仍有可能會發生內容物遭到竊取的狀況。

鏈上生成藝術就是以技術預防這種情況發生。圖片或是可以生成該圖片的演算法就包含在智能合約裡，也就是以技術證明我所擁有的圖片 NFT 與包含在正本智能合約裡的資產證明，都是同一個 NFT。然而，受限於智能合約的容量，目前能執行的演算法也十分有限。

除此之外，也有些 NFT 是透過技術能力，將 NFT 的使用擴展至現有藝術或其他任何產業也從未見過的型態。

數位藝術家 Pak 推出的 Lost Poets（資料來源：Pak）

數位藝術家 Pak 結合了 NFT 與人工智慧（AI），讓 NFT 成爲能自行想像的加密藝術●，因此該作品也被譽爲是將 NFT 提升至另一個境界的例子。Pak 所推出的 Lost Poets，始於 6 萬 5,536 張的空白

> **加密藝術 CryptoArt**
>
> 儘管尚未有明確定義，但由於是發行自區塊鏈上，因此可以視爲具數位稀少性（Digital Scarcity）的數位藝術作品。

頁（Page），灰色背景空白頁的最低價格爲每一個 0.32 以太幣，儘管如此，還是在 75 分鐘內全數售罄，原因就在 Pak 所公開的藍圖裡。

在購買 Lost Poets 之後，Lost Poets 持有者可以決定是否要在第二階段將空白頁轉換爲詩人（Poet），或是維持原樣。這裡的詩人是一種數位人類，由 AI 所創作出的獨特藝術作品。從第三階段開始，會提供分頁給生成的詩人，持有者就可以幫詩人更換名字，或是提供單字（Word）給詩人，讓詩人可以說話。每一個詩人說出的單字也都取決於 AI 的程式設計。

老實說，Pak 結合 NFT 與 AI，創作出一個超越藝術的全新世界觀。就像這樣，透過與區塊鏈的技術結合，可以發展出完全嶄新型態的 NFT 作品或是模型。而推出專案的團隊或專案本身是否具有足夠的技術能力，也會成爲判斷 NFT 價值時，需要考慮的重要因素。

有多大的效用？

　　隨著 NFT 的型態越趨多樣化，個體數也逐漸增加，當我們要購買 NFT 時，能一併獲得的福利也變得越來越重要。我們可以將這樣的福利全部稱之為效用。效用大致可以分為兩大類，分別為數位效用與現實效用。

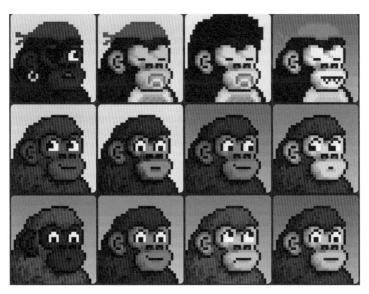

如果購買 NFT，每天都能獲得代幣的 CyberKongz（資料來源：CyberKongz）

　　CyberKongz 是個以 989 個 Kongz 虛擬角色為基礎的專案。目前 Kongz 正在逐步發展為可以在 The Sandbox、Axie Infinity 這樣的元宇宙環境中使用的社交虛擬角色。

購買 Kongz 的人，每天可以獲得 10 個香蕉代幣。如果
運用香蕉與 Kongz NFT，還可以透過孵化（Incubating）
生出寶寶 Kongz，或是將 Kongz 升級為適合使用在 The
Sandbox 與元宇宙的 VX Kongz。

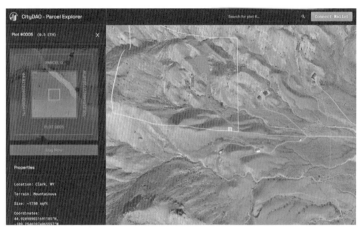

購買美國懷俄明州的土地，建設元宇宙都市的 CityDAO（資料來源：
CityDAO）

　　如同 CyberKongz 的數位效用，以購買者的立場而
言，可以期待藉由額外的數位資產創造收益。此時，效用
的期待值越明確，數位效用的效果也會隨之增加。要是使
用的地點不明確、無差別的分配 NFT 或代幣，反而會讓
人對於專案的可信度下降，導致專案的效果減退。

　　提供現實生活中的服務與效用的 NFT 專案正在逐漸
增加。懷俄明州（State of Wyoming）是美國國內唯一一

個具有法令，可以合法承認 DAO 的州。CityDAO 因此在懷俄明州設立 DAO 之後，購買當地的土地，並且發表了建設都市的計畫。首先，他們以 NFT 的型態發行 DAO 的公民身分（Citizenship），在募集資金後，以這些資金購買了現實世界中的不動產。購買公民身分的人，雖然無法直接分配到土地所有權，但是可以參與 CityDAO，行使自己的權利。

　　連結數位福利與現實福利的 DAO 型態，引起眾人的關注，CityDAO 的知名度也因此而提升。傳說中的投資人馬克‧庫班、以太坊的創始人維塔利克‧布特林（Vitalik Buterin）、Coinbase 的布萊恩‧阿姆斯特朗（Brian Armstrong），皆為購買 CityDAO 公民身分的其中一員。NFT 結合了現實生活中的公民身分以及土地所有權這項強而有力的效用，這樣的專案可以視為一個成功的範例。除了 CityDAO 之外，也還有其他例子是藉由 NFT 提供現實效用，例如，位於紐約的無菜單料理餐廳 Flyfish Club 以 NFT 發行會員卡、Crypto Barista 專為喜愛咖啡的人發行咖啡會員卡等，都是類似的例子。

瀏覽社群的組織成員

對於不了解區塊鏈與加密的人而言，會覺得帶動 NFT 的社群力量是一個很陌生的概念。因為一般而言，在網路上的社群都是以匿名的方式互相分享資訊，基本上僅止於試圖建立友誼的程度，不太會有任何需要發揮經濟實力的狀況。然而，就如同前面我曾說明的社群經濟結構一樣，社群才能將 NFT 的價值最大化。

NFT 社群的成員身為資產的持有者，將自己能獲得的獎勵和社群成長後所能獲得的獎勵同等視之，藉由主動付出，讓社群的價值能有所提升。再者，和我同屬一個社群裡的那些人，也代表著我的品味與地位。就算只是持有一個和我一樣有名的 NFT，都會讓我感覺到自己的地位有所提升。

Bored Ape Yacht Club（BAYC）就是將這種名流行銷手法發揮到淋漓盡致的最佳例子。BAYC 是一個在 2021 年 4 月推出的類人猿 NFT 專案，追求的就是時髦與流行的角色。它的社群成員與推崇加密與去中心化價值的 CryptoPunks 持有者大相逕庭。BAYC 的社群成員幾乎都是在社交網路上具有影響力的人，或是藝人等，以這類態度較為輕鬆與活潑的人開始向外傳播。儘管如此，可能也由於它算是早期推出的專案，因此而得以迅速地傳播開來。

Stephen Curry ✓
@StephenCurry30

Believer. Husband 2 @ayeshacurry, father to Riley, Ryan and Canon, son, brother. Warriors guard. Davidson Wildcat. BAYC. Philippians 4:13 #ChangeTheGameForGood

◎ Worldwide　⨽ underarmour.com/en-us/t/curryb...　🗓 Joined May 2009

NBA 超級球星史蒂芬・柯瑞公開證明購買了 BAYC

　　而就在此時，美國 NBA 的超級球星史蒂芬・柯瑞（Stephen Curry）在購買 BAYC 後，透過推特的大頭貼證明了這件事。其實史蒂芬・柯瑞在購買 BAYC 之前，曾在推特公開詢問該買哪一個 NFT 比較好。不久後，就直接公開證明自己買了 BAYC。

　　在這之後，知名演員與 DJ 等藝人們也和史蒂芬・柯瑞一樣開始購買 NFT，而且第一個目標就是 BAYC。像 Steve Aoki、波茲・馬龍（Post Malone）、老菸槍雙人組（The Chainsmokers）等 DJ，以及電視脫口秀主持人吉米・法倫（Jimmy Fallon）也都證明自己購買了 BAYC。隨著美國饒舌歌手阿姆（Eminem）也購買 BAYC 之後，BAYC 真的是成為一個名副其實、專為知名人士而打造的

NFT。最近隨著 BAYC 的升級與名流行銷的威力，BΛYC
的底價也跟著一飛衝天，目前 BAYC 和 CryptoPunks 的冠
軍爭奪戰還未見停歇。

NFT 社群展開的
新穎實驗

參與者也必須親自創作遊戲角色和武器？

　　「Loot 專案」就是一個最佳例子，讓我們能清楚的
知道，NFT 是由社群主導所建構而成。Loot 專案是以社
群為中心的 NFT 遊戲，由 Nouns DAO 的創始者也是開發
者之一的多姆・霍夫曼（Dom Hofmann）所提出。

"Grim Shout" Grave Wand of Skill +1
Hard Leather Armor
Divine Hood
Hard Leather Belt
"Death Root" Ornate Greaves of Skill
Studded Leather Gloves
Necklace of Enlightenment
Gold Ring

以 8 行不完整的句子作為 NFT 販售的 Loot 專案（資料來源：Loot Project）

　　但是，如果只看 Loot NFT，真的完全看不出來這是一款遊戲，因爲它只由 8 行不完整的句子所組成。其實，寫在 Loot NFT 上面的不是遊戲本身，而是在遊戲中，角色們會使用到的裝備清單，像是武器、盔甲、手套等 8 個裝備。其他像是角色的長相、遊戲的環境等，這類的細節全交由參與者去想像與創造。這代表遊戲本身的開發工作也全部交由社群處理。

　　儘管如此，Loot 專案仍爲現在進行式。透過 Loot 論壇，參與者們自發性的組織互助會（guild），也會分配

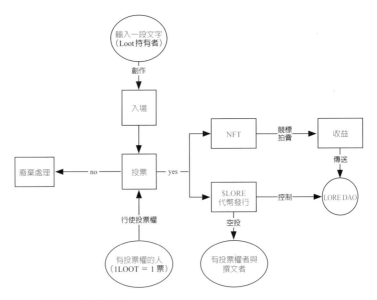

Loot 專案建構遊戲的方法

在遊戲中使用的貨幣給 Loot 的持有者，藉此激勵他們開發遊戲的鬥志。實際上，在 Loot 的角色、地圖和地牢等遊戲元素，都是由社群親自提案與建構。然而到目前為止，具備完美引擎「以 Loot 為基礎的遊戲」仍未上市。未來以 Loot 為基礎的遊戲會以一個遊戲或是多個遊戲上市都仍是未知數。

若以批判的角度看待 Loot 專案時，可能會認為 Loot 專案終究將以單純而有趣的實驗作結。會有這樣的看法，應該是因為該遊戲是透過社群提出各式各樣的點子來進行開發，而不是由單一團隊所主導；再者，想要建構完整的專案，僅依靠社群提出的點子仍有所不足。未來 Loot 專案是否真能做出遊戲仍是未知數。儘管如此，只要社群開發能像現在一樣持續進行，或許就能像過去比特幣和以太坊的社群主導發展的情況一樣，那麼說不定 Loot 也能浮上檯面，在遊戲開發的世界寫下新的歷史。

為購買美國憲法正本，嘗試募集以太幣

NFT 的社群實驗並非只限於開發領域。ConstitutionDAO 始於住在美國亞特蘭大（Atlanta）一位青年的推特。美國憲法在 1789 年印製了 500 份，目

前正本只剩下約 13 份。當奧斯汀‧凱恩（Austin Cain）
得知其中一份將登上蘇富比的拍賣會時，他透過自己的
推特表示，將發起購買美國憲法的募資活動，並且以
ConstitutionDAO 為名開設了推特帳號。

　　他們藉由 Juicebox，一種以以太坊為基礎的群眾募資
（Crowdfunding）平台進行募資活動。當時參與募資的
人，依據投入金額的多寡，可以獲得相對應數量的代幣。
在 3 天內，ConstitutionDAO 募集了 11,610 以太幣（560
億韓幣，約新台幣 14.7 億元），並參與競標，但是競標

嘗試藉由募資購買美國憲法的 ConstitutionDAO

美國憲法的行動仍以失敗告終。儘管如此，依據智能合約上撰寫的合約內容，參與募集以太幣的人們還是獲得了 $People 代幣。

　　不過，更有趣的事情還在後頭。競標憲法（Constitution）失敗後，ConstitutionDAO 的相關人士宣布，將退還所有金額。但是，大部分的參與者都選擇繼續持有代幣。而 $People 代幣一度上漲了 40 倍之多；截至 12 月 20 日，它的價格仍維持在原價格的 30 倍左右。意思也就是，一個既沒有 NFT，也失去目標的專案，它的代幣至今仍持續存在，並且依然維持著它的身價。12 月 15 日，ConstitutionDAO 透過官方推特發表立場，表示將終止運作。儘管如此，參與的人們還是沒有放棄 ConstitutionDAO 的代幣，它的價格沒有任何變動。

　　儘管 ConstitutionDAO 並未完成它原先的目的，但是將受困於加密世界的 DAO 與 NFT 市場一起搬到現實世界的這點，讓這項專案被銘記為一次成功的試驗。不過，針對失去方向的專案到現在仍維持價格的這個現象，各界仍存有不同看法。有些看法認為，因為這個專案本身有其意義存在，因此未來價格仍有機會持續維持；也有其他的看法認為，失去意義的專案，在不久之後就會消失。

NFT 普及至一般大眾之前

目前 NFT 市場就如同 2017 年底 ICO 橫行天下的時期一樣。而在這些如雨後春筍般蜂湧而出的專案之中，會不會只有我沒跟上這波趨勢；又或者，我是不是應該趁現在趕快入手才對的這種不安感正在蔓延。然而，NFT 仍是一個剛開始發展的市場，並且有關 NFT 的使用方案也尚未有明確的規範，這些都是各位一定要銘記在心的重點。

未來，當所有的專案都表示要將專案遊戲化或是投入元宇宙時，如何在這些專案之間分辨出好壞也仍會需要一段時間。如同 2018 年比特幣的暴跌，以及多數的 ICO 專案無聲無息地被埋葬一樣，NFT 也有可能隨著市場崩盤、熱度消退，導致多數專案直接消失。

儘管如此，我們現在必須關注 NFT 的原因非常明確。因為，從 2017 年開始，一直到 2022 年，區塊鏈與加密依然存在，並且正攜手共創另一個未來。就算 NFT 會在短時間內遭遇寒冬、流動性降低導致價格下跌，其仍會緩步發展，成為肩負未來數位經濟基礎的角色。因此，我們要從現在開始為未來做準備，才不至於再次錯失機會。

PART 4

不可不知的 NFT 法律常識與糾紛案例：

專為 NFT 發行人與買家所準備的法律指引與投資時的注意事項

韓瑞姬　Barun 律師事務所律師

自 2011 年起任職於 Barun 律師事務所，現爲事務所合夥律師。司法研修院 39 期；首爾大學法律系與法研所畢業，在學期間主修公平交易法。現任 Barun 律師事務所第四次工業革命應變組組長一職，負責區塊鏈、加密貨幣、人工智慧（AI）等相關業務。同時也是個人化資料自主運用（MyData）與證券金融領域之專家。此外，亦擔任韓國區塊鏈協會諮詢委員、區塊鏈法學會理事、韓國人工智慧法學會理事、大韓律師協會 IT 區塊鏈特別委員會委員、釜山區塊鏈規制自由特區 ¹ 諮詢小組成員。

---

1 譯注：韓國於 2019 開始實施「規制自由特區」的制度，意指不受限制，得測試創新技術之地區，2019 年 7 月指定江原、大邱、全南、忠北、慶北、釜山、世宗等七處爲第一階段之規制自由特區。

圍繞著 NFT 的各種
法律問題

　　如果從最前面的篇章開始，一章一章慢慢閱讀的讀者，應該已經知道 NFT 仍處於非常初期的發展階段。一個產業的性質與定義會在發展的過程中漸趨明確。然而，現階段的 NFT 尚未到達這個程度也是無庸置疑的。因此，我們無法以單一的角度來定義 NFT，而與 NFT 有關的法律問題也層出不窮。尤其，必須考量的是購買 NFT 的人、發行 NFT 的人，以及經營 NFT 交易平台的人所顧慮的層面皆有所不同。

　　首先圍繞著 NFT 的問題，取決於發行販售的 NFT 是以什麼樣的東西製作而成。以目前既有的實體物品（常見的情況是這個實體物品為藝術品）轉換為數位檔案鑄造成 NFT 的情況、以數位音訊檔鑄造成 NFT 的情況、以運動影像檔案鑄造成 NFT 的情況等，都會有所不同。有些情況是以運動鞋鑄造成 NFT（但是這種情況不是用運動鞋的照片鑄幣後進行交換，而是 NFT 被當作一種分享運動鞋銷售利潤的方式）。

　　不同的情況，其法律問題也會有所不同。我將於接下來的內容逐一進行說明。

所謂的 NFT，在法律上究竟是什麼？

　　有關 NFT 究竟是否為虛擬資產，以及 NFT 是否屬於證券等金融投資商品的爭議一直都存在。

NFT 是虛擬資產嗎？

　　首先，就先來了解究竟 NFT 是否屬於虛擬資產。雖然在這裡無法給各位讀者一個明確的答覆，但還是讓我們試著逐一檢視。首先，如果要在現行的法律上將 NFT 視為虛擬資產，那麼我們必須要知道，在特定金融交易資訊的報告與使用等相關法律[2]（簡稱「特定金融資訊法」）中是如何界定虛擬資產。

　　特定金融資訊法中，對於虛擬資產的相關規定如下。

特定金融資訊法第 2 條

三、所謂的「虛擬資產」是指具有經濟價值，以電子交易或可
　　供移轉之電子憑證（包含與之相關的一切權利）。但不包

2　編注：因本書原為韓國著作，故以下所舉法律皆為韓國法。

括以下任何一款。

（一）無法以貨幣、財物、勞務等交換之電子憑證，或發行人
　　　以憑證相關之資訊限制使用地點與用途。

（二）根據「遊戲產業振興之相關法律」第 32 條第 1 項第 7 款
　　　之運用遊戲物所獲得之有形與無形之產品。

（三）根據「電子金融交易法」第 2 條第 14 款之預付型電子
　　　支付方式，及依據同一條第 15 款之電子貨幣。

（四）根據「股票、債券等電子登錄之相關法律」第 2 條第 4
　　　款之電子登錄股票等。

（五）根據「電子本票之發行與流通之相關法律」第 2 條第 2
　　　款之電子本票。

（六）根據「商法」第 862 條之電子載貨證券。

（七）視交易之型態與特性，經總統令決定之。

　　　如果是這樣的話，我們首先必須要看 NFT 是否屬於
「具有經濟價值，以電子交易或可供移轉之電子憑證」，
接著才能再確認 NFT 是否屬於第 1 款至第 7 款中，任何
一個被排除的條款。

　　　韓國的金融委員會於 2021 年 11 月 23 日發出的新聞
稿中，包含了以下內容：「一般而言，NFT 並不是虛擬
資產，但如果用作結帳方式、投資方式等情況時，則有可
能屬於虛擬資產。」在這裡金融委員會公開表示：「一般
而言，將 NFT 定義為虛擬資產有其困難，依個案情況個

別判斷時，可能有部分的 NFT 可以視爲虛擬資產。實際上，NFT 正以多元的樣貌與型態持續發展，若將全數的 NFT 等同視之，可能會引起非必要的困擾，報導時請再三留意。」

因此，透過金融委員會這樣的發表內容，可以確定的是：①屬於虛擬資產的 NFT 與不屬於虛擬資產的 NFT 混雜在一起；②如果是用作結帳或是投資方式，則有可能需要視爲虛擬資產，也就是在某種程度上有其可能性。由於主管機關對此尚未有明確定義，對於一般人而言，要自主判斷什麼是虛擬資產有其困難，因此，主管機關有可能會爲業者或一般投資人公布準則，又或者有可能會藉由虛擬資產業權法來規範相關事項。

但是，如果 NFT 被用作遊戲裝備（第 2 條第 3 項第 2 款）使用，有非常大的可能會被排除在虛擬資產之外。如果作爲遊戲裝備，就屬於「遊戲產業振興之相關法律」第 32 條第 1 項第 7 款之運用遊戲物所獲得之有形與無形之產品，這也代表該遊戲裝備是在遊戲中所使用的，而有形的遊戲就會是遊戲產業振興法所規範的遊戲分級分類的對象。

事實上，重要的應該是有關藝術品 NFT，以及可供蒐集的這些 NFT，但是要界定 NFT 的性質，僅憑金融委員會的說明還是有困難。FATF（Financial Action Task

Force）這個組織也曾提及 NFT 的相關內容。該組織作為國際上防制洗錢的組織，發表了各種規範方針，由於他們所提出的詮釋內容具有權威性，因此讓韓國的金融委員會認為極具參考價值。

2021 年 10 月，FATF 在「修正虛擬資產與虛擬資產服務商之風險基礎指引」（Updated Guidance for a Risk-Based Approach to Virtual Assets and Virtual Asset Service Providers）中提及 NFT 的相關內容如下。

Digital assets that are unique, rather than interchangeable, and that are in practice used as collectibles rather than as payment or investment instruments, can be referred to as a non-fungible tokens (NFT) or crypto-collectible.

Such assets, depending on their characteristics, are generally not considered to be VAs under the FATF definition.

However, it is important to consider the nature of the NFT and its function in practice and not what terminology or marketing terms are used.

數位資產中，既特殊又獨一無二，作為無法交換的對象，例如類似收藏品的東西就稱為 NFT，同時也提及了在 FATF 的定義上，NFT 並不屬於虛擬資產。儘管如此，

若實際上被當作結帳方式或金融投資商品時，無關它的用語為何，都可以被視為是虛擬資產。

可能各位會覺得上述的內容太複雜。簡單來說，由於目前的分類標準仍不明確，因此似乎也很難將 NFT 視為虛擬資產。但是，如果制定規定以消除這種不確定性，屆時，部分的 NFT 很有可能會被分類為虛擬資產。

NFT 是證券嗎？

我先提醒各位，這裡的用語可能會有點混亂。如果我以一張很久以前的照片來鑄幣，或是製作成數位圖檔後再去鑄幣，在這樣的情況下，鑄造的 NFT 本身會具有獨特的價值。但如果 NFT 是作為一個工具，得以展現出我擁有某種實際存在的東西之權利，而不是代表 NFT 本身有其獨特價值的話呢？可以確定的是，NFT 超越了一般單純的收藏品，此時，我們會產生的疑問是，究竟應該將 NFT 視為什麼。

一般而言，作為「Crypto-Collectibles」的 NFT，在用途上嚴格來說是收藏之用，很難將它視為投資之用。但是除此之外，仍有無法將 NFT 視為單純收藏用途的情況。其中最具代表性的就是，將畫作另行保管，分割畫作 NFT 後販售的情況，或是將運動鞋這類的物品另行保管，分割運動鞋 NFT 後販售的情況。

　　有關上述情形，金融機關尚未表示明確的立場，但是最近美國證券交易委員會（Securities and Exchange Commission, SEC）委員赫斯特・皮爾斯（Hester Peirce）曾表示，有鑑於美國的證券規定，當 NFT 被分割時，NFT 也可以視為一種證券。

> "The whole concept of an NFT is supposed to be non-fungible [meaning that] in general, it's less likely to be a security," but if issuers decide to "sell fractional interests" in NFTs, "you better be careful that you're not creating something that's an investment product, that is a security."

　　因此，如果是將畫作或是其他實體物品另行保管，並將其所有權分割後進行販售，以此方式發行並流通 NFT 時，此時的 NFT 是否也能視為證券的這一點有必要仔細審視。

　　但是發行人或流通業者比起買家，似乎更需要注意到這類的 NFT 是否屬於證券。原因在於，如果證券要發行並販售給 50 名以上的買家時，必須要繳交證券申報表，並不是隨隨便便就能組織交易平台（假使一個未被授權的人組織了交易平台，那這個人有可能會因無照開設交易平台而受到處罰）。基於這樣的理由，以發行人或是交易平台經營者的立場而言，更需要審慎檢視 NFT 究竟是否屬於證券。

NFT 持有者的權利以及
與之相關的法律糾紛

　　目前看來可以將 NFT 區分為三種情況：第一，當 NFT 是虛擬資產時；第二，當 NFT 是證券等金融投資商品時；第三，兩者皆非。而分類的標準，則有賴相關的金融機關來界定。

NFT 與著作權侵害

　　究竟購買了 NFT 的人會擁有哪些權利呢？我舉一些最近發生的事情當作例子。

〔案例 1〕

2021 年 5 月底，某綜合廣告代理商與李仲燮、金煥基以及朴壽根等畫家作品的收藏家協議後表示，會將上述畫家的畫作製作成 NFT，並公開競標拍賣。然而，對於擁有著作權的家屬與財團而言，販售這樣的 NFT 有侵害著作權的疑慮，因此家屬與財團強烈抵制競標拍賣的行為，後來拍賣也以取消收場。

再讓我們看另外的例子。

〔案例 2〕

2021 年 4 月，一個名為 Daystrom 的集團在 OpenSea 將尙一米榭・巴斯奇亞（Jean-Michel Basquiat）於 1986 年創作的作品〈Free Comb with Pagoda〉發行爲 NFT。後來有消息指出，實際上擁有巴斯奇亞作品著作權的巴斯奇亞財團，並未同意 Daystrom 使用該著作。不久後，Daystrom 撤回了該 NFT 的發行。

〔案例 3〕

NFT 交易平台上公開了一項戲謔仿作佩佩（Pepe）的「NonFungible Pepe」NFT 作品。而青蛙角色的原作者麥特・傅利（Matt Furie）以侵害著作權爲由，要求中止這項 NFT 繼續流通。但是已經流通出去的 NFT 無法回收，而另一個 NFT 交易平台 OpenSea 則中斷販售這項 NFT。

　　像這樣以侵害著作權爲由的案例不計其數，這也是未經原著作人的同意就鑄造 NFT 時，經常會發生的問題。當藝術品成爲案例時，這個問題就會變得更明顯。

　　爲何會發生這樣的問題呢？這是因爲一個著作有兩種權利，一個是著作權，另一個則是所有權。

以畫作鑄造 NFT 時，著作權與所有權的問題

著作權和所有權到底歸誰？

首先，讓我們先想想看，以一幅知名畫作製成 NFT 的過程，以及在這個過程中，會產生的法律問題。

〔案例 4〕

A 畫了一幅畫，並將畫作賣給了 B。假設 B 將畫作轉換為數位檔案，並銷毀了原畫作。B 將這個數位檔案透過 C 這個交易平台進行鑄幣，並且在 C 公開。接著，販售給了 D。

首先，當 A 在創作時，所有權與著作權都在 A 身上。著作權是賦予創作者的權利，表現出人類思想與情感之物，就稱為著作，而創作者就會擁有著作權。寫書的作家，擁有故事內容、結構以及文章的著作權，而在書店裡買書的人擁有的是書的所有權。

　　A 將畫作賣給了 B，但 B 並未取得著作權轉讓。這樣的話，A 是著作權人，B 是所有權人。此時，B 的所有權之權利即為，得於限定之場所展示的權利（著作權法第 3 條），但是並沒有重製權、公開傳輸權以及改作權。重製、散布與公開傳輸的權利仍為著作權人 A 所有。

　　B 將畫作製成數位檔案。但由於 A 是著作權人，因此 B 將畫作製成數位檔案的瞬間，就侵害了 A 的重製權。

　　B 在交易平台上鑄幣。鑄幣是放上自己製作出來的數位檔案之 URI 連結，因此鑄幣這個行為還不至於侵害著作權。但是，如果接下來在交易平台上公開 NFT，那在這個過程中，數位檔案就暴露了，這就可能導致侵害著作權人的公開傳輸權。

　　鑄幣以及製作數位檔案就是為了放上交易平台，在這個過程中，B 就侵害了 A 的著作權。而購買了這個 NFT 的 D，買到了侵害著作權之物。就算 D 以為 B 是真正的著作權人才購買了這個 NFT，但當 A 主張侵害著作權一事 D 也得知之後，那麼 D 就必須中止侵害著作權人的權利，不能再以散布為目的持有該 NFT，因此 D 也無法在交易平台上轉手出售。這樣一來，購買 NFT 的 D 就只能蒙受損失。

侵害著作權的 NFT 無法轉售

那 B 須負起什麼樣的責任呢？侵害著作權只會處罰故意犯罪者。基於某些原因，以至於誤會自己擁有著作權，因此在未意圖侵害著作權的情況下鑄造了 NFT，則無須負起侵害著作權之罪責。然而，若明知自己沒有著作權，仍故意鑄造 NFT 並進行販售，則犯下了侵害 A 著作權的行為。A 得以侵害著作權向 B 提出告訴，也可以透過提出民事訴訟，獲得損害賠償。

而交易平台 C 須負起什麼樣的責任呢？就目前而言，這就是最為模糊的部分。儘管 C 是交易平台經營者，但是對於該 NFT 在著作權法上是否為偽造的，或是否為侵害著作權之物，原則上他無須負擔查證義務。然而，如果在著作權法上，將 C 視為提供網路服務的業者（中心化交易平台等）時，那麼在得知侵害著作權事實的當下，C 就必須立即向 B 要求中止 NFT 之公開，並且禁止其傳輸。

讓我們再回頭想一想案例 1 中，李仲燮、金煥基等畫家的例子。

在這個案例中，欲鑄造 NFT 的公司似乎並未取得李仲燮等畫家之家屬，也就是著作權人的同意，僅取得了持有者的同意而已。要是該綜合廣告代理商不顧著作權人的反對，仍將畫作鑄造成 NFT 並進行競標拍賣，那麼就會招致侵害著作權人之著作權的後果。

總而言之，在取得持有者及著作人兩方的同意之後，NFT 才能正常發行與流通。而侵害著作權之 NFT 的最終持有者，無法行使任何權利，只能向販售侵害著作權之物的 B 請求損害賠償，或是請求不當得利返還（或請求回復原狀），也就是只能藉由行使返還請求權，請求 B 返還購買當時所支付的虛擬資產或是金錢。

以影片鑄造 NFT 的著作權問題

若以直拍影片鑄幣？

各位應該經常在 YouTube 上看到直拍[3]（親自拍攝之影片）。若以拍攝的直拍影片鑄造成 NFT 後，能否上傳交易平台進行販售呢？這裡先告訴各位答案，直拍 NFT 有侵害著作權的可能性。

首先，我們喜歡的這些明星們的影片著作權是歸誰呢？著作權法第 66 條至第 77 條規範了表演者的相關權利[4]，表演者顧名思義就是實際演出的人。因此，所謂的明星、藝人、歌手等，都屬於表演者，而表演者擁有表演影

3　譯注：原文為직캠，源於粉絲親自拍攝喜歡的偶像而製成的影片之意。後來直拍在韓國電視台也有從頭到尾的單獨鏡頭之意。

4　譯注：韓國著作權法第三章著作鄰接權的第二節明示了表演者的權利。

片的重製權、公開傳輸權與公開播送權。然而，實際上不是表演者本身，而是觀賞表演的觀眾拍攝與傳輸了影片，並將影片上傳 YouTube，這樣的行為就可能侵害了表演者的重製權、公開傳輸權與公開播送權。

將直拍影片製作成 NFT 後，上傳交易平台的行為，與上傳影片至 YouTube 的行為類似。如果將直拍影片鑄幣並將 NFT 上傳交易平台，縮圖（thumbnail）就會暴露出來，在這個過程中就可能侵害了重製權與公開傳輸權。尤其，大部分從事演藝工作的人與經紀公司簽約時，會將表演者的權利讓渡給經紀公司或是委任給經紀公司，因此侵害的可能是經紀公司的權利。最終，經紀公司可能會要求鑄造與販售 NFT 的人對侵害著作權負起責任。

若以運動賽事鑄幣？

讓我們回想一下世界級花式溜冰的明星選手金妍兒的比賽吧！由於花式溜冰包含了人類創作元素的表演與演技，因此本身就屬於著作的可能性很大。所以，如同直拍影片一樣，若親自拍攝金妍兒選手的比賽場面（不是播送的畫面）後，進行鑄幣，那就會導致和直拍影片一模一樣的問題。

如果是籃球或足球比賽的話呢？基本上，球類項目不可能依據事前編排好的劇本進行比賽。雖然會出現很多戲

劇性的場面，但就算是這樣也無法將參與運動比賽的選手
稱爲「表演者」。因此，在著作權法上表演者的權利並不
適用於球類項目的比賽選手們。所以，這表示親自觀賞籃
球比賽時，所拍攝的影片是可以鑄幣的。然而，若是以播
送的影片鑄幣，而不是以親自拍攝的影片鑄幣，那就是侵
害了製作比賽影片的電視台之著作權。再者，若比賽影片
中暴露了選手的臉孔，或是球團的標誌，這也可能會造成
問題。尤其是比賽影片中若暴露了選手的外貌，可能觸犯
民法上的肖像權，因此這都是需要格外留意的事項。

不明情況下，
我的 NFT 有可能會被搶？

NFT 網路釣魚與駭客案例

NFT 遭到奪取的情況也層出不窮。在這裡所謂的奪取指的是，NFT 放在 MetaMask 這樣的地方，但是遇到網路釣魚或駭客，導致我的 NFT 被不認識的人搶走的狀況。我舉一個最具代表性的例子。

〔案例 5〕

瑞姬在交易平台開闊大海上申請了免費的空投活動。為了申請這項活動，她輸入了自己的 Meta ○○ 錢包地址。

某天，當她進入開闊大海的 Hidden 一看，發現裡面竟然有自己從未收藏過的 NFT。她點選了照片也確認了專案團隊，但是她怎麼想都還是覺得這是自己從來沒看過的專案。就在此時，她突然收到一個購買提案。瑞姬只要想到「可以賣掉一個自己根本沒買過的 NFT」就很開心，於是為了確認這筆交易而輸入了私鑰。後來，某一天當瑞姬再度進入 MetaMask 一看，她的 LP 代幣和其他資產全都不翼而飛了。

　　瑞姬的錢包突然就空了，這種事到底是怎麼發生的呢？在瑞姬確認交易這個免費獲得的 NFT 時，她輸入了私鑰，就因為這個動作，錢包就被駭客入侵了。NFT 在確認交易時並不需要輸入私鑰，如果跳出要求輸入私鑰的視窗，這就很有可能是為了搶走私鑰的伎倆。在案例 5 中，突然出現在 Hidden 裡的 NFT 就像特洛伊木馬一樣。所以，從未見過的 NFT 如果突然出現在 Hidden 裡，再加上確認出售時跳出輸入私鑰的訊息，這種情況非常有可能就是網路釣魚。

　　若遭遇駭客時，NFT 的原持有者可以主張哪些權利呢？如果有人在完全不知情的情況下，於交易平台上購買了被駭的 NFT，原持有者是否能向購買的人請求返還呢？

我的 NFT 遭駭客入侵，是否能向買家提出請求返還呢？

〔案例 6〕

A 在去中心化交易平台上購買了 NFT，並將 NFT 傳送至自己的 MetaMask 保管。可是 MetaMask 突然出現系統錯誤，緊接著跳出一則要求重啟的訊息。因此 A 依照訊息要求，輸入了助

憶詞以進行重啓。但是，某一天當 A 看了自己的 MetaMask，
發現裡面的虛擬資產全部不翼而飛了。而一個月後，A 在去中
心化交易平台上再次看到該 NFT。經過確認智能合約地址後，
A 認爲該 NFT 就是日前自己被奪取的 NFT。但是，販售者是
一個 ID 爲「MONKEY」的人。

　　案例中，A 藉由智能合約地址，確認了該 NFT 就是
自己的 NFT，儘管這只侷限於可以確認的案例，但仍是
非常有可能會發生的情況。在這個案例中，A 能否向販售
者 MONKEY 要求歸還呢？

　　我先告訴各位答案。如果 MONKEY 並不知道該 NFT
是被奪取的情況下購買的話（稱爲善意、和平、公然及無
過失），那 A 無法要求 MONKEY 歸還。原因在於，要
將 NFT 視爲所有權之標的物是有困難的，就算能視爲所
有權之標的物，依 MONKEY 的占有狀態而言，也可以推
測出 MONKEY 是 NFT 的所有人。

其他與 NFT 有關的糾紛

若以贗品製作 NFT

　　一般想到購買 NFT 的話，都會覺得買到的一定是眞正的商品（即爲眞貨，而非仿冒品）。然而，NFT 並沒有分辨眞僞的功能。因此，最初鑄幣發行 NFT 的發行人若以僞造的物品，甚至是以僞造的藝術品鑄幣，那在這種情況下，因爲 NFT 是以仿冒品鑄造而成，所以 NFT 本身就是僞造的商品，或是僞造的藝術品。

　　而對於購買 NFT 的人而言，由於買到的是仿冒品，因此需要追究發行人的責任。若發行人知道自己是用仿冒品進行鑄幣，那對購買者的詐欺罪就成立了。所以，購買者能以詐欺罪向發行人提起告訴。萬一，發行人對於仿冒品一事也不知情（若以爲是眞正的商品而進行鑄幣），那此時就無法追究發行人的刑事責任。而購買者就必須透過取消合約或是解除合約，以拿回支付的費用。若發行人的身分不明，以至於找不到人，那對發行人提起刑事告訴，

或以民事請求損害賠償都會有困難，因此有在使用去中心化 NFT 交易所的讀者們務必留意這個情況。

利用使用者的誤解之詐欺行為

〔案例 7〕

A 特別想要蒐集以太坊 NFT 專案中，知名的猴子○○專案的 NFT，以及貓咪專案的 NFT。剛好 A 聽說這些專案的 NFT 要開賣了。據說猴子○○專案要販售黃色的猴子，而貓咪專案要販售粉紅色的貓咪。於是 A 就進入了「開闊大海」，並且用名字搜尋。結果看到有兩種，一個是 Poly ○這個鏈上發行的，另一個是在以太○上發行的。A 並不知道 Poly ○和以太○有所不同，A 以為買哪一個都一樣，結果買了 Poly ○的猴子。

本來 A 想購買的應該是以以太坊為基礎之 NFT 專案的 NFT 系列作品之一。若買到的是別的鏈上所發行的 NFT，這和以以太坊為基礎的 NFT 是相同的嗎？答案為不是。若在不同鏈上發行，就是完全不同的 NFT。這就像 1 美金與 1 里拉是不同的價值；梵谷所繪的〈向日葵〉與不知名的作家看著〈向日葵〉所繪出的畫作是截然不同的東西一樣。

　　意思也就是，既然原先的專案發行是以以太坊爲基礎，那在其他鏈上發行的 NFT 與原先的專案也沒有任何關聯的話，就只能說這個是贋品或仿冒品。因此在 Poly ○鏈上販售 NFT 的販售者欺騙了 A。該販售者有意圖地模仿他人的 NFT，並且在其他鏈上發行，假裝是原版專案的 NFT，並從 A 身上收取了相當於在以太坊上販售的價格或甚至是更高的價格，這種行爲可以視爲該販售者對 A 犯下了詐欺罪。

　　在這方面需要注意的是，使用者誤解了所有的區塊鏈皆能相容的意思。在以太坊發行的加密貨幣與在幣安鏈發行的加密貨幣截然不同。所以，將以太坊發行的加密貨幣傳送至幣安鏈進行復原，這在技術層面上是不可能的，就算有可能，也必須投入先進的技術與經費。這個情況就像 A 將本來要匯到新韓銀行○○○帳號的錢，匯去國民銀行○○○帳號（假設帳號是同一個）一樣。意思就是，A 並未將錢（加密貨幣）匯到該匯的地方，儘管在這樣的情況下，依然是 A 必須負起全責，因此針對這樣的問題，不論是投資人或是使用者都必須謹愼小心。

我們對 NFT 的權利竟然不是所有權？

民法第 211 條規定：「所有人，於法令限制之範圍內，有權利使用、收益、處分其所有物。」即為了成為所有權的標的物，首先「所有物」必須是物，而在法學界受到多數人認同之物的屬性為：①特定性；②現存性；③獨立性。

各位應該會覺得，怎麼一下子突然從 NFT 的話題跳到法學界多數人的看法。其實，就是因為 NFT 的法律性質尚未確立。實際上，NFT 可以視為電子檔或數據資料，這樣一來，很難將 NFT 視為所有權之標的物。再者，使用這種稱為 IPFS（Inter-Planetary File System）分散儲存系統保管數位內容（digital content）的方式，不過只是將可儲存於 IPFS 的數位內容之 IPFS 雜湊（hash）值連結至 NFT，並非將 NFT 包含在數位內容中。因此，儘管購買了 NFT，還是很難視為擁有整個數位內容。

可能各位讀者還是會反問，難道 NFT 沒有比較特殊嗎？首先，因為 NFT 並非單純的檔案。只要透過智能合約地址以及代幣 ID，就能確認持有者是誰。因此，可以視為具有特定性（當然這裡所謂的「特定性」，並非表示可以確認持有者的身分，而是藉由特定的代幣 ID 與智能合約地址可以確認 NFT 的發行人，以及後續移轉給了誰）。

　　NFT 可以獨立存在於區塊鏈中，是可移動的，與遊戲公司或發行商無關，因此具有「獨立性」；再者，NFT 也可以視為「現存」於持有者的錢包。儘管具有這些特性，但是多數的看法仍認為，虛擬資產或是數據集合體在民法上是不具排他性的標的物。因此，無法將「持有 NFT」與「所有 NFT」視為同樣的意思。無法擁有 NFT，所以也不能主張擁有 NFT 的所有權，這就是在現行法律上，A 遭到駭客入侵導致 NFT 移轉給第三人，但仍有很大的可能性無法請求第三人返還的原因。

　　無法保障所有權的意思，簡單來說，就是向第三人主張我的權利是極為困難的意思。由於目前的狀況就是如此，因此購買 NFT 的人對於保管私鑰這件事需要多加費心。

　　除此之外，經營交易平台的人必須隨時提醒使用者注重個人私鑰的保管，並簡介相關的受害案例。同時，也必須致力於建構安全系統，以避免交易平台出現系統錯誤或遭到駭客入侵。

NFT 的買家、發行人與交易平台必須留意的事項

　　到目前為止，已經介紹了 NFT 的法律性質，以及 NFT 可能會產生的糾紛。接下來我列舉的內容，將著重於當各位作為購買 NFT 的投資人、在交易平台上發行 NFT 的人，以及經營交易平台的人時，需要注意的事項。

為 NFT 買家準備的指南

　　NFT 的買家必須要確認販售 NFT 的人是否為合法的所有權者，以及 NFT 的發行人是否擁有著作權。原因在於，未經原著作人的同意就將著作 NFT 化並進行販售，以及將偽造而成的 NFT 當作真品或是正版進行販售的情形等，在法律上仍缺乏相關的預防機制。若買家在確認上有困難，可以選擇一個會檢視是否擁有著作權後才販售 NFT 的交易平台。

　　該如何確認上傳公告的人是否擁有合法的著作權呢？買家可以透過各種方法，如造訪販售者的 SNS 帳號等，透過這個方法於購買前檢視該專案以及販售者。此外，若是非常知名的 NFT，卻以出奇的低價出售，那就必須對此抱持懷疑的態度。

　　再者，必須要再三留意，小心管理錢包的私鑰。錢包私鑰或是助憶詞絕對不能讓第三人知道（這是基本中的基本）。要是突然跳出要求重新輸入的訊息，或是錢包程式突然發生系統錯誤的時候，就必須懷疑這是否為網路釣魚。還有，如果有人藉由無法追查對話人身分的軟體，如 Telegram 傳送訊息時，絕對不能公開自己錢包的公鑰、私鑰以及助憶詞。絕對！絕對！絕對不行！有些手法是透過 YouTube 或是 Instagram 誘惑使用者，只要將 NFT 或虛擬資產傳送到某個地方就可以獲得空投。但是想要追蹤外國社交軟體的帳號 ID 來確認身分是非常困難的事，因此千萬不能隨意聽信這類說法就將資產傳送出去。

為 NFT 發行人準備的指南

　　NFT 的發行人是以數位檔案發行（鑄造）NFT。若標的物為藝術品，不僅需要獲得藝術品所有權人的同意，也

需要獲得著作權人的首肯。如果只獲得藝術品所有權人的同意就發行 NFT，可能就會發生問題。原則上，著作權存續期間至著作人死亡後的七十年[5]。因此，這也是需要再三確認的事項。如果標的物是文化財，可以使用文化財的相片製作 NFT，不過在發行前，有必要先確認該張相片的著作權人是誰。

　　若以影片檔或是音訊檔製作 NFT 進行販售，則需要確認是否有著作權者與著作鄰接權者，在不侵害各自權利的前提下，於事前與相關人等簽訂合約，合約簽訂完成後，始得以發行 NFT。

　　有關 NFT 的發行數量與用途也需要特別留意。將藝術品以分割形式發行之 NFT 在法律上的性質非常模糊。有可能會受到金融商品相關規範的限制。此外，若將 NFT 的用途設定為平台上的結帳工具，這也會產生問題。因此在法律上，以限量收藏品的概念發行 NFT 是最為安全的。

5　編注：此為韓國著作權存續期間，台灣則為五十年。

為 NFT 交易平台經營者準備的指南

　　如果是中心化之交易平台，在著作權法上，經營者就可能被視為網路服務提供者（著作權法第 102 條）。提供服務的業者一旦得知公開的是侵害著作權之物，須立即禁止該使用者繼續公開及販售該 NFT。

　　而交易平台經營者因須立即中止違法者之行為，因此於使用者服務條款中須明示「侵害著作權者，其張貼物將立即予以刪除」、「使用者若有侵害著作權之行為，將立即中止其使用」等相關內容。

　　若已落實上述之事前處置，則網路服務提供者無須隨時監測自己所經營的交易平台上是否有相關的侵權行為，也無須積極調查相關之侵權行為。

　　此外，根據交易平台的經營型態，可能屬於電子商務消費者保護相關法律[6]中規範之通訊交易業者或是電商平台業者（如線上商店）[7]。交易平台經營者在了解自己的經

6　譯注：韓國電子商務之消費者保護相關法律（第 17799 號）於 2020 年 12 月 29 日修法，2021 年 12 月 30 日施行。

7　譯注：原文為「통신판매업자」與「통신판매중개업자」，經對照台灣消費者保護法之名詞定義，將前者譯為「通訊交易業者」；後者於韓國該法條中之定義為「網路商城」（使用電腦等資訊通信設備進行商品交易之虛擬營業場所），故中譯為電子商務平台，簡稱電商。

營型態後，若爲直接販售型態，則須履行通訊交易業者之義務；若爲線上商店的型態，則是必須履行電商平台業者之義務。

最後，爲了避免自己所販售的 NFT 被歸類爲證券類，在發行 NFT 時務必多加留意。

專欄①

新興的財富典範中，
屬於我的 **NFT** 加密貨幣分辨法

申奉具 元宇宙遊戲「The Sandbox」官方 NFT 創作者

在上市與未上市的 IT 公司從事遊戲製作與服務開發二十餘年，曾獲頒資訊通信部門長官獎。亦曾任職於韓國文化內容振興院，擔任 CT 技術人力。目前於 Class101 的網路講座平台發表 NFT 及元宇宙相關之演講，同時也兼任元宇宙遊戲「The Sandbox」官方 NFT 創作者。著有韓國國內第一本 NFT 電子書《最後一個階梯，以 NFT 創造第二個比特幣》。

　　在 IT 產業界工作了二十餘年，我也是第一次經歷像最近這樣的劇變。近來，由於「元宇宙」、「NFT」這樣的單字經常出現在媒體上，我明確地感覺到有某些巨大的變化正在發生，而這樣的變化迎來的正是「機會」。然而，另一方面我卻也感到不安，擔心自己要是沒有搭上這波熱潮，是不是會錯失獲得財富的機會。

　　面對這劇變般的機運，我希望能提供各位讀者一些實質的幫助。因此，我想與各位分享我在這段期間所獲得的知識與技能，以及我是如何透過這些知識與技能尋找投資定位的方法和分辨投資標的物的方式。

　　以 NFT 賺錢的方法有四種，列舉如下。

· 販售親自製作之 NFT 作品
· 投資 NFT 作品
· 投資與 NFT 相關的股票
· 投資 NFT 的加密貨幣

　　如果本身有美術方面的才能，就能選擇親自製作作品進行販售，如果自認具備人文藝術方面的造詣，那依據自己的眼光投資 NFT 也是不錯的投資方式。然而，並非所有的人都具有美術才能，或是具備人文藝術方面的造詣，因此才會選擇將目光集中在與 NFT 相關的股票，或是 NFT 的加密貨幣。由於投資 NFT 相關的股票屬於股市投資的領域，這部分我就不贅述了。接下來的內容，我將會說明有關「NFT 的加密貨幣」之投資現況與分辨投資標的物的方法。

NFT 的加密貨幣有買就有賺？

　　我個人將虛擬貨幣分成以下三大種類。

　　·比特幣本身
　　·迷因（Meme）幣
　　·功能性加密貨幣

　　這裡所謂的迷因幣是指像「狗狗幣」這類，常常被提及的短暫流行性加密貨幣。而所謂的功能性加密貨幣是作為證明 NFT 相關財物的持有者時所使用的工具，我們需要矚目的就是這類的加密貨幣。有名的「以太幣」，以及其他 NFT 的遊戲加密貨幣等，都是屬於這個類別。這類的加密貨幣不僅具有貨幣價值，它也是透過區塊鏈技術將數位財物所有權資訊包含在內的一種加密貨幣。而這類的加密貨幣也是近來最受矚目的種類。

　　有句話叫做「NFT 是只要有買就有賺」。最符合這一個說法的應該就是「NFT 的加密貨幣」了。然而，將投資股票與投資加密貨幣做比較時，加密貨幣的變動性大、風險也高，相對地可以在短期之內獲取高報酬。不過，還是要留意巨額損失的可能性，畢竟投資人須自負投資失利的責任。NFT 的加密貨幣連日來價格屢創新高，波動不斷。我們必須了解 NFT 的加密貨幣究竟為何受到

矚目、它可以使用在哪些地方，以及該如何分辨好壞，這
樣才有利於我們以長遠的眼光正確判斷投資標的物。

　　NFT 的加密貨幣也就是 P2E（Play to Earn），隨著邊
玩邊賺錢的遊戲像流行一樣傳播開來，NFT 的加密貨幣
也因此而受到矚目。以前是付錢才能玩遊戲，但現在則是
邊玩遊戲邊賺錢。海外的「Axie Infinity」就是相當著名
的 P2E 遊戲，而不久前，韓國 Wemade 公司所推出的傳
奇 4（MIR4）也格外受到矚目。此外，Com2uS Holdings
（前身爲 Gamevil）也在此時表示將正式投入 P2E 遊戲，
並以此作爲公司轉換跑道的起點。娛樂界也陸續宣布即將
展開 NFT 的相關事業。這些公司的股票也都順勢成了股
市寵兒，在股票市場繳出漂亮的成績單。

創作者的上班地點也是遊戲玩家的遊樂場：P2E 遊戲生態
環境的擴張

　　我們必須先了解 P2E 遊戲生態系統，才有可能理解
元宇宙以及 NFT 的遊戲加密貨幣。一個遊戲爲了讓系統
產生良好的循環，必須透過以下四大領域彼此影響，以利
循環的產生。

　　・土地：以加密貨幣購買土地，出租土地後以加密貨幣收
　　　取租金。

· 遊戲製作人：藉由提供的工具製作遊戲，租用土地提供
遊戲服務，以加密貨幣收取玩遊戲的費用。
· 創作者：藉由提供的工具製作遊戲角色、遊戲裝備等，
再將遊戲角色或裝備等賣給遊戲製作人與遊戲玩家，收
取加密貨幣。
· 遊戲玩家：支付加密貨幣玩遊戲，同時也在遊戲中賺取
加密貨幣。

　　每個遊戲的系統多少會有所不同，上述的系統屬於最
大容量的遊戲系統。在這樣的經濟循環裡，自然會需要該
遊戲裡的加密貨幣，因此每個P2E遊戲公司都發行自家的
加密貨幣，並且在交易所上市。Decentraland（MANA）、
The Sandbox（SAND）、WEMIX（WEMIX）、PlayDapp
（PLA）、Enjin Coin（ENJ）等，皆屬於此類型的加密貨
幣。我所提及的加密貨幣都已經呈現出明顯的漲勢，其中
也包含了即將推出遊戲服務的加密貨幣，我個人也覺得該
加密貨幣的前景指日可待。

　　這裡讓我說個題外話，日前有篇新聞報導介紹了一
位韓國知名大企業的員工將自己的韓國國產車以4,000萬
韓幣（約新台幣100多萬元）出售，賣車的錢拿去投資
NFT的加密貨幣後賺到30億韓幣（約新台幣7,600多萬
元），而這位員工也因所謂的「加密貨幣暴漲」而聞名韓

國，目前業界有消息指出，這位員工仍在留意 NFT 的加密貨幣。在這一連串的狀況下，你會看到反應快速的投資人從投資房地產轉移至投資股票；從投資股票轉移到投資加密貨幣，而且是投資 NFT 的加密貨幣。

正開始孕育之 NFT 的加密貨幣，須具備辨別遊戲的慧眼並謹慎投資

　　看別人買就跟著買的投資方式非常危險。在投資之前，必須先詳加了解加密貨幣的使用方式、遊戲服務是否穩健，以及遊戲服務的可持續性，這樣才能保障自己的投資是安全的。儘管 P2E 遊戲標榜去中心化與元宇宙等概念，但是實際上沒有幾個遊戲是真正的去中心化遊戲。簡單來說，如果提供遊戲的公司終止服務，那玩家所擁有的遊戲裝備等，瞬間就憑空消失了。這就是為何要將遊戲裝備和角色人物 NFT 化，唯有如此才能永久保障玩家的持有權。

　　除此之外，投資者也需要判斷這些標榜著元宇宙的遊戲世界中，內容物的品質與數量。想要在廣闊的元宇宙世界塡滿建築物或虛擬角色，僅依靠遊戲公司的員工是絕對不夠。因此，才會讓玩家成為遊戲製作人或創作者，並給予加密貨幣作為獎勵，藉此鼓勵玩家在遊戲世界裡生產遊戲內容物。這就是投資者須針對「在這樣的循環結構中，

內容物的供給與品質是否有所保障」、「就長期規劃來看，公司的服務藍圖是否穩健」、「與知名精品、大公司或娛樂公司間是否有頻繁的合作關係」等幾個項目進行審慎判斷的原因。

依上述內容可以統整出以下幾點。

· 以前是否曾提供過類似的服務？

· 服務評價如何？

· 是否為真正的去中心化服務？

· 經濟循環系統是否穩健且具有彈性？

· 內容物的數量是否多樣且具有一定的品質？

· 是否具有無限擴張的可能性與自由度？

· 是否頻繁的與知名企業進行合作？

· 是否具有長期計畫的藍圖？

· 吸引外部投資的過程是否順利？

· 服務是否具有完成度？

除了上述需要進行判斷的事項之外，在投資之前，我極力推薦各位親自參與遊戲，體驗成為玩家的感受。畢竟沒看到商品就下手購買有些說不過去。因為，一定會有打著 NFT 的名號卻只有外觀正常，想趁勢大漲一波的遊戲。當然也會有非常努力製作，然而系統卻不夠穩固也不

具有彈性，導致內容物不足的例子。

如同「虛有其表，華而不實」的成語一樣。姑且不論一個服務擁有多先進的技術，使用這個服務的終究是人。而我們都會希望可以從中獲得一些東西，不論是在裡面盡情玩樂，或者是藉此獲取資訊。不管是以多先進的未來技術取代服務的方式或是過程，最重要的依然是內容物。

元宇宙、P2E 遊戲、NFT 的加密貨幣能否成功，端視遊戲內容物的品質與數量。而負責填滿內容物的人也是參與遊戲的玩家，因此系統生態才顯得重要，這也是投資之前必須審視的原因。

前面已經提過，有幾個 NFT 的加密貨幣未來發展可能性很大，但是任誰都不曉得未來會發生什麼事，因此我對所有的加密貨幣之發展可能性皆抱持開放的態度。P2E 遊戲現在才開始孕育，誰都無法保證成功的關鍵會是什麼。我以遊戲製作與服務產業的多年經驗，加上動物般的直覺，嘗試預測未來，為自己做好準備以免落後。儘管未來不可預測，我仍希望各位讀者也能以自己的方式，試著將不可預期的未來一點一點地創造成自己的未來。

NFT 是一個絕對不能再錯過的機會

最後，我將以激勵各位投資 NFT 的內容作結。

我們在房地產、股票以及加密貨幣的劇變中，經歷

過喜悅、懊悔與留戀。聽到別人說「房地產要漲了」的時候，消息靈通的人早就已經獲利了，而一般民眾為了擁有一間自己的房子，在房地產高點時貸款買房子。又聽到別人說「加密貨幣要漲了」的時候，從初期開始投資的那些人早就已經獲利了百分之好幾千，還拍照留念，我們也只能看著這些所謂的「畢業生」捶胸頓足。如今，不論是房地產、股票還是加密貨幣都已經價格飛漲，想買也買不起了。

　　但是對我們來說，還有 NFT 這個通往財富的最後一個階梯。NFT 的加密貨幣價格仍相當便宜，從幾千韓幣到幾萬韓幣左右。由於 NFT 的加密貨幣使用方式非常明確，我相信這不會只是單純的流行，也不會泡沫化。元宇宙只是一個環境，而在這個環境裡被視為錢的東西就是 NFT。「就算這輩子已經完了」，但是我們的第二人生還是可以抓住元宇宙與 NFT 這樣的機會。若是錯過了這次的機會，我們的明天還是會過著跟今天一樣的生活。我真心期許各位讀者也都能成為有錢人。如果不從現在開始改變，那所有的一切終究還是會維持原樣。

📝 專欄②

如今的 NFT 正以更快速且更具
活力的方式改變世界！

尹秀穆　OpenDAO 多重簽名驗證人、
YouTube 頻道「生存投資尹秀穆」創作者

曾任企業銀行自營部交易員、三星資產運用之投資組合經理等，在這十幾年間，以投資專家的身分投入資本市場最前線。而後，展開區塊鏈的事業，目前以投資虛擬資產與 NFT 交易員的身分活躍於市場上。最近獲選為去中心化自治組織 OpenDAO 多重簽名驗證人，為 9 名成員中唯一一位韓國人。同時也經營了 YouTube 頻道「生存投資尹秀穆」，傳授在資本市場中生存所必須了解的知識與技能，透過網路與實體的虛擬資產投資講座與大眾互動交流。

　　曾以銀行、證券商的自營部交易員與大型私募股權基金投資組合經理的身分投入資本市場最前線的我，之所以會將目光投向其他領域的原因在於 2016 年 3 月之「Google DeepMind 的挑戰」，也就是 AlphaGo 與職業九

段棋士李世乭的圍棋大戰。而 AlphaGo 是 Google 子公司 DeepMind 所開發的 AI 棋士。李世乭曾是當代最強的職業棋士，雖然他歷盡艱辛拿下了一勝，但是最終還是輸給了 AlphaGo。而這一勝，被稱爲是人類對上 AI 的最後一場勝利。

當時我看著這個畫面的瞬間，覺得好像有人朝著我的頭重重的揮了一拳。「看來只是時間問題而已，所有的領域都將發生這樣的狀況，究竟未來的金融產業會變成什麼樣子呢？」我帶著這樣的疑問，展開了對未來的研究，我發現了區塊鏈與比特幣，也因此找到了線索。後來，我決定放下在資本市場累積十年的淺薄既得利益，並挑戰創業。

然而，最近真正令我著迷的是 NFT。我們現在正望向的 Web3.0，這個開放的元宇宙是一個在區塊鏈上展開的數位世界，而在這個空間裡的事物，除了我們常常稱之爲加密貨幣的加密資產（即同質化代幣，Fungible Token）以外的所有事物都是由 NFT 所構成。

PFP（大頭貼型態的數位藝術），成為最具魅力的 NFT

儘管 NFT 如此重要，但是 NFT 在過去數十年間仍非大眾所關注的焦點。只有 Dapper Labs 在 2017 年製作的 CryptoKitties 姑且有受到一點點的矚目。然而，

COVID-19 大幅增加了人們在數位空間活動的機會，就像一種讓我們提前體驗未來的催化劑一樣。在社交軟體這個空間裡，隨著交流互動越頻繁，我也明顯感受到 PFP（Picture for Profile，大頭貼型態的數位藝術）的使用有顯著的增加，該社群也展現出更強烈的凝聚力。大眾對於元宇宙房地產感興趣的程度大增，也是始於這個時期。

我覺得也許在今年內，部分的社交軟體會支援連結至 MetaMask 這類以區塊鏈為基礎的錢包，讓 NFT 可以作為「實質的」大頭貼。那麼「將照片截圖使用和購買 NFT 有何不同」的疑問就不會再出現了。因為如果是 NFT 的話，就會單獨標示該 NFT 是經過認證的。

在眾多種類的 NFT 中，PFP 尤其受到歡迎的原因，不僅是因為在實用性上可以作為使用頻率高的大頭貼，PFP 作為投資標的物也相當有吸引力。為何 PFP 作為投資標的物時更具吸引力呢？原因有兩種。

第一，彌補了 NFT 最為致命的缺點，也就是流動性的問題。NFT 正如其名，是非同質化代幣，每個人的 NFT 都是世界上唯一的一個。這樣的特性作為投資標的物也是一個弱點。所謂世界上唯一的一個，可能會成為超級搶手，深受大家喜愛的標的物，但是如果沒有受到矚目，也有可能成為沒人想買，受到忽略的標的物。這也代表著「我想賣的時候不好賣、流動性低，或是交易可能性

低」。反之 PFP 在上架時，是由約 1 萬種圖片隨機組合而成的一個系列作品（collection）。這也代表，雖然每一個 PFP 皆具獨特性，但是類似的 PFP 如果有 1 萬種，就能易於替換。儘管彼此皆具獨特性，但也有一萬多個相似處，因此得以確保彼此之間互相替換的可能性，增加流動性，交易也能更加熱絡。

第二，由於 PFP 是以「系列作品」的方式上架，因此擁有同一系列 PFP 的持有者們會組成自己的社群。社群必然也將敘事（narrative）包含在內。社群成員，也就是持有者之間會互通有無，在交流互動的過程中，也可能會舉辦活動。具體的例子如，特定 PFP 的持有者們在推特上互相追蹤，彼此之間分享重要資訊，或取得特定的物理空間（會員制的餐廳、會員制的派對等）之出入權限、獲得特定專案的空投（免費獲得代幣的活動）。社群創造出這樣的敘事，也成為了提升 NFT 實質價值的因素。紐約大學教授阿斯瓦斯・達摩德仁（Aswath Damodaran）身為價值評估領域中最厲害的碩學，也在他的著作《敘事與數字》（*Narrative and Numbers*）中強調，敘事在價值評估時所扮演的角色與數字一樣重要。

增進創作者與收藏者權益而成為話題的交易平台

最近，NFT 的交易平台也成為討論的話題。OpenSea

是世界最大的 NFT 交易平台，幾乎占了整體交易金額的
90%，擁有壓倒性的市場優勢。NFT 交易量呈現爆發性的
成長，而這些交易都發生在單一平台，這也使得創業至今
僅短短四年的 OpenSea 已經成為一家價值高達 130 億美
金（約 15 兆韓幣，相當於新台幣 3,640 億元）的公司。

　　然而，對於使用 NFT 交易平台的創作者與收藏者而
言，OpenSea 收取的高額手續費（service fee）不僅是個
負擔，任意刪除特定 NFT 的中心化企業經營方式，以及
在 NFT 正式上架前，內部人員可以事先購買等，一連串
的問題都引起平台使用者的反感。

　　在這樣的情況下，以增進 NFT 創作者與收藏者之權
益而組織的去中心化自治組織（Decentralized Autonomous
Organization, DAO）就是 OpenDAO。這類的組織目標就
是為了創造更好的 NFT 環境，換句話說也就是為了創造
更好的數位世界。因此，致力於減少手續費、分散眾人共
同使用之交易平台的權力，以及讓新生代藝術家能更容易
出道等。有趣的是，這類被稱為「DAO」的組織是以自
主的方式運作，一天工作 1 小時，或是一天工作 5 小時，
都取決於個人。不過，核心的營運團隊是依照在 DAO 持
有的治理型代幣（$SOS）之比例多寡行使投票權，以投
票的方式決定協議的內容，並以此為依據，分配治理型代
幣作為獎勵。

去中心化 NFT 交易平台除了 OpenDAO 之外，像是 X.xyz，還有以較低的手續費和依據實際交易績效給予治理型代幣（$LOOKS）作爲獎勵的 LooksRare，都是目前正在興起的 NFT 交易平台。

儘管目前的 NFT 市場存在著泡沫化的爭議，但 NFT 市場仍處於剛起步的階段。因爲我們正在體驗的數位世界中只有一小部分是以 NFT 的型態存在。如果各位希望能獲得未來的機會，那一定要將注意力放在 NFT。這個世界具有充滿活力的動能，也有讓人心動不已的發展。而挑戰與成長會讓我們的社會更加繁榮。

結語

投資 NFT 就是投資數位世界中的復古價值與敘事

　　國高中時期，我最喜歡的音樂人就是 N.EX.T 樂團的主唱兼作詞作曲家，同時也是音訊工程師與音樂製作人的已故音樂人申海澈。當時，他作為無限軌道樂團的成員參與了 1988 年的大學歌謠祭，該樂團以〈致你〉一曲榮獲冠軍。在這之後，我買了申海澈的個人專輯、N.EX.T 樂團的專輯，還有數不盡的音樂創作錄音帶與 CD，這些過往回憶，我仍記憶猶新。現在的我則是訂閱 Spotify，以即時串流收聽申海澈與 N.EX.T 的音樂。

　　最近無意間在 YouTube 聽到申海澈最後一次的訪問內容[1]，而因此對於 NFT 的意義獲得了一些線索。申海澈將 20 世紀流行音樂的時代劃分為：以真空管、黑膠唱片和黑膠唱片機聽音樂的 1970 年代、以電晶體音響與錄音帶聽音樂的 1980 年代，以及 1990 年代起，以 CD 播放器和 MP3 聽音樂的時代。

---

[1] 〈魔王申海澈的最後訪問（完整版）〉，YouTube。

他表示在 1970 年代，將黑膠放在唱盤上，透過眞空管播放音樂時，需要專注與謙虛的態度。因爲這是個需要在特別的場所、特別的時間，以及以細膩的方式對待黑膠唱片的時期。尤其，若黑膠唱片出現刮痕，那這張黑膠唱片就成爲了擁有個人經驗的獨特物品（這樣的說明方式，就好像他已經預見了 NFT，著實讓我非常驚訝）。當他回想起 1970 年代時，他說這個時期是流行音樂的黃金時期，一個魔法般的時代。我覺得應該是因爲當初聽音樂與操作黑膠唱片都是相當珍貴的經驗。

1980 年代，以電晶體音響與錄音帶聽音樂的一大好處是音樂變成可以隨身攜帶。當我想聽音樂的時候，可以在我想要的地方播放音樂，這也成爲流行音樂以爆發性的速度成長並傳播開來的契機。自 1990 年代起，收聽音樂的方式發展得更加快速，因爲此時已經來到了以 CD 和 MP3 聽音樂的時代。MP3 播放器比音響、錄音帶與 CD 播放器還要更方便攜帶，而音樂則轉換爲數位檔案。自 2000 年以來已經過了二十年，如今成爲了以智慧型手機即時串流的方式消費流行音樂的時代。現在，我們可以不受限制，方便且即時的收聽來自世界各地的音樂。

申海澈透過這次的訪問，提出了非常有趣的觀點。他表示自 1980 年代以後，電晶體音響、錄音帶與 CD 出現的時期開始，從事流行音樂產業的藝人們在心理上也逐漸

感到畏縮。儘管可能造成這樣的原因非常多，但是他表示從黑膠唱片到錄音帶或 CD，專輯尺寸逐漸縮小的情形，讓音樂人與歌手感受到自身的存在感也跟著降低。而黑膠唱片的封面，原本是一個讓藝人可以透過圖片或相片展現自我的獨立空間，但是封面的大小卻變成錄音帶以及 CD 專輯封面的尺寸，自 MP3 的時代以來，這種形式的表現空間則完全消失殆盡。申海澈身為韓國流行音樂劃時代的存在，對於現在的我而言，他的音樂與歌詞依然特別，而他所陳述之流行音樂的歷史，還有以藝人的觀點述說的內容都讓我印象深刻。我們生活在過於便利且變動性大的數位世界。然而，創作者的熱情與多樣性，以及個人的自我和身分似乎也正面臨著危機。其實，創作、熱情、多樣性、自我、身分，對於創業和事業而言都很重要。

另一方面，申海澈和 N.EX.T 的專輯對於青少年時期的我而言，是重要財產之一，也是我省下零用錢後一定要買的東西。我也還記得，朋友之間會互相借專輯來聽，也會一副耳機一人戴一邊一起聽音樂。而過去的這些回憶對我而言，就是不可取代的經驗與價值。我們將面臨的未來，究竟會是什麼模樣呢？創作者是不是能透過 NFT 這個新的技術與金融系統，賦予自己的作品一個身分與敘事，讓使用者之間產生共鳴，提供彼此無法取代的經驗與價值呢？如果是這樣的話，那我們不就能期待「NFT 在

數位世界中扮演著創造復古價值和敘事，以及可供投資的角色」。因此投資 NFT，就是在數位世界、虛擬世界和元宇宙的世界中投資人際互動以及人類的想法與經驗。

任東玟

博雅科普 037

NFT投資的準則

NFT투자의 정석

作　　　者	劉民鎬、任東玟、我坤、韓瑞姬	
譯　　　者	蔡佳燁	
發 行 人	楊榮川	
總 經 理	楊士清	
總 編 輯	楊秀麗	
副總編輯	劉靜芬	
校對編輯	林佳瑩、呂伊真	
封面設計	王麗娟	
出 版 者	五南圖書出版股份有限公司	
地　　　址	106台北市大安區和平東路二段339號4樓	
電　　　話	(02)2705-5066	
傳　　　真	(02)2706-6100	
劃撥帳號	01068953	
戶　　　名	五南圖書出版股份有限公司	
網　　　址	https://www.wunan.com.tw	
電子郵件	wunan@wunan.com.tw	
法律顧問	林勝安律師事務所 林勝安律師	
出版日期	2022年 8 月初版一刷	
定　　　價	新臺幣380元	

國家圖書館出版品預行編目資料

NFT投資的準則／劉民鎬, 任東玟, 我坤, 韓瑞
姬著 ; 蔡佳燁譯. -- 初版. -- 臺北市 :
五南, 2022.08
面 ； 公分
譯自：NFT투자의 정석
ISBN 978-626-317-988-2（平裝）

1.CST: 電子貨幣　2.CST: 投資

563.146　　　　　　　　　　111009604